Mit dem Wolpertinger leben

Mit dem Wolpertinger leben

Ein Verhaltensratgeber
von Michael Heim
und Hans Reiser

Karl M. Lipp Verlag München

Sie blättern in einem Buch der Bayerischen Wolpertinger-Holding (WHO)
Karl M. Lipp
& Konsorten Michael Heim und Hans Reiser

Die WHO dankt:
Der Bayerischen Wildererakademie (BWA) in Person ihres Lehrbeauftragten Gottfried Drexler und seiner Mitarbeiter,
Dem Sektionspräsidenten der Akademie für den Schußbereich Tegernsee und dem angegliederten Institut für Schneestrumpfforschung, Georg Gallinger,
Der Redaktion des Bayerischen Wildererblattes, vereinigt mit:
Der Fallensteller, Fratres in crisensis, Körberlzäunermagazin, Lauf Jäger lauf,
Dem Bundespräsidenten, weil er diesem Buch nichts in den Weg legte,
Dem Bayerischen Staatsminister für Unterricht und Kultus, Professor Dr. Hans Maier, Kulturpertinger, für das Schutzwort,
Dem Regierungspräsidenten von Oberbayern, Raimund Eberle, der die Staatsanwaltschaft bei dem Amtsgericht Wolfratshausen über die wahren, durchaus ehrenhaften Motive der BWA aufklärte, was zur Einstellung eines Ermittlungsverfahrens führte,
Allen Wolpertingern der fünften und sechsten Generation für ihre Geduld bei den Portraitsitzungen,
Herrn Gutenberg für die Erfindung des Satzes mit beweglichen Lettern,
Den Wäldern Bayerns für das Papier,
Benny's-Buidlfabrik in Rottach-Egern für die Reproduktion der Kirlian-Aurafotografien,
Dem Miesbacher „Teehaus am Markt No. 13" für die Weitergabe des geheimen Kanton-Messe-Exportkataloges,
Allen Wolpertingern der dritten und vierten Generation, die ihre Tagebuchaufzeichnungen zur Verfügung stellten,
Dem Verfassungsschutz für den Einblick in gewisse W-Akten.
SKH Ludwig II, König von Bayern, Pfalzgraf bei Rhein etc. für das Interview aus dem Jenseits,
Und dem Föhn, der uns die Flügel lieh.

Meglingerstraße 60, 8000 München 71
ISBN 3-87490-601-9

Gesamtherstellung LIPP Lipp GmbH Graphische Betriebe, München

Schutzwort

Unter den vielen Phänomenen, die Bayern hervorgebracht hat, ist der Wolpertinger wohl eines der größten, noch weit vor dem Föhn. Er ist Rumpelstilzchen und Nessie, Goggolore, Grubenhund und Heinzelmännchen in einem.
Aus einem Stammtisch-Scherz zur Adaptierung von Fremden — dem beliebten Kreißlfangen, das regelmäßig damit endete, daß sich der zum Wildern überredete Gast freikaufen mußte — hervorgegangen, durchlief der Kreißl alias Wolpertinger in den letzten eineinhalb Jahrzehnten eine wundersame Metamorphose: Ein Nichts, ein Spuk hat sich in den Köpfen ungezählter aufrechter Landsleute materialisiert, nahm Gestalt an und fordert seither Bayern zu intellektuellen Höchstleistungen heraus. Die anderen deutschen Bruderstämme schauen diesem Prozeß so fasziniert zu, daß nicht einmal Neidgefühle aufkommen: Bayernland ist Wolpertingerland und wird es bleiben. Ein Wolpertinger in den Niederungen Westfalens ist so unvorstellbar wie ein Astronaut, der seinen Fuß tastend auf den Nockerberg setzt.
Seine Materialisierung in einer Zeit der Desillusionierung und Vermassung kann kein Zufall sein. Unser Land war, wenn wir unserer keltischen Anfänge gedenken, erfüllt von Schratzen, Truden und Trollen, von Feen und Nocken, die dem Bauern zur Hand gingen, den Wandersmann geleiteten und böse Menschen schreckten. Es gibt sie nicht mehr, sie mußten gehen, aber sie gingen gern, weil sie wußten, daß sie dem Wolpertinger Platz machen würden. Sie wußten, daß er der Welt ein neues Märchen schenkt.
Ich wünsche dem Wolpertinger, und damit uns allen, eine variable Zukunft.

Hans Maier

Professor Dr. Hans Maier, Kulturpertinger

Vom Versuch einer Annäherung

Wanderer, du hast es also geschafft. Du sitzt neben ihr am Tisch unter der Kastanie.
Ächzend schaukelt der Föhn im Geäst.
„Deahn S' fei auf Eahnane Gluppaln aufpassn", sagt sie.
Oh Lord, du hast sie zwar nicht verstanden, aber sie hat angesprochen. Es überwallt dich.

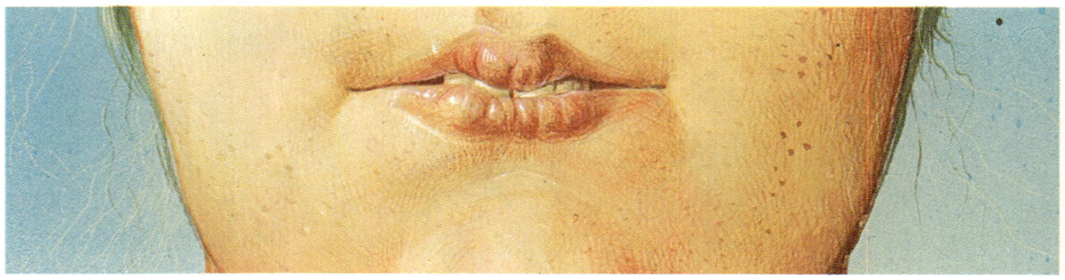

Ihr Nackenhaar, Goldfäden im Abendlicht, vibriert. Sie muß eine Keltin sein. In ihr pulst druidisches Blut, vielleich spricht sie noch Illyrisch, oder zumindest ein paar ladinische Brocken. Wortfetzen aus der Tunika, die die Legionäre Roms über die Alpen warfen. Versuch es dennoch auf Bayrisch, Fremder!
„Mögen S' vielleicht ein Eis? Ein Oas? A Oass?"
Falsch, sie lassen ihre Vokale doch immer so durchhängen.
„Anóass? Anoáss?"
Elmsfeuer irrlichtert aus dem Dekolleté ihres Mieders, aber du zuckst nur zurück. Siehst du das Glimmern in ihren Augen, das Bernsteinlicht, Flammenbögen der Verheißung?
„De Gluppaln ..."
„„Was, bitte, sind Gluppaln?"
„Griffä!"

Solltest du Griffel haben, Wanderer? Nein, es sind noch immer Finger, also laß dich nicht irritieren. Gefällt dir das Schloß an ihrem Hals? Sicher ist sie extrem keusch. Noch einen Zandimeter. Noch einen, es können nicht mehr viele sein und du hast die Seidenfransen ihres Fürtuches erreicht.
Sie neigt den Kopf und fixiert dich. Dir entgeht folglich, wie sich die Mondsichel entsetzt auf den Rücken wirft und hinter eine Wolkenbank fallenläßt. Ihre Pupillen verengen sich und schießen die beiden ersten Laserblitze ab. Honigfarbene Pfeile, die dein Gemüt durchfetzen. Sie muß die Bernsteinauerin sein.

„Jetzt glangt's", flüstert sie. Das könnte heißen: Du bist am Ziel. Wie ihre Iris lodert! Ihre Pupillen-Laser brennen zwei Löchlein durch deinen Maßkrug, in Fadenfontänen sprinklert das Bier über die Ahornplatte. Aha, sie will nicht, daß du noch austrinkst; sie hat recht, es wäre schade um jede Minute, die ihr unter der Kastanie vergeudet. Du hast gewonnen, Fremder! Da, die Seidenfransen?
Und dann blickt er dich aus der Tiefe des Dekolletés an: Der Miederwolpertinger; du hast ihn heute vor dem Kiosk wiedererkannt, welchen Grund gäbe es auch sonst, dieses Buch zu kaufen? Konntest du wissen, daß er mit ihr hinter der Palisade der Löwenzahnblätter allein sein wollte? Nein, sonst hättest du dich zumindest geduckt. In einer Bewegung von unglaublicher Traurigkeit beugt er sich über den Mieder-Balkon und holt aus. Der Blitz trifft dich aus der Vertikalen zwischen ihren Brüsten. Ja, er hat dir eine gescheuert, Fremder (gestiert, sagt man hier). Es schmerzt, als hätte dir der Erzengel Luzifer mit einer siebenzehigen Klaue das Gesicht geharkt ... du blutest sogar.
Ein verstörter Föhn flattert himmelwärts.
Du taumelst durch die Nacht, es keckert in den Bäumen, der Wald kichert, im Morgengrauen neigst du dich über einen Wiesenbach, um deine Wunden zu kühlen. Aber das ist kein Froschlaich, der dich zurückfahren läßt. Hunderte von nachdenklichen Augenpaaren starren dich an, es ist ein Wolpertinger-Nest, ein Gespinst aus gläsernen, sich in der Strömung wiegenden Mustelidae-Leibern vor dem Reifesprung. Auf und weiter!
Drüben, auf der Dorfstraße, spielen Mausgraue mit scheppernden Milchkannen im ersten Morgenlicht Volleyball. Hast du die letzte Maß unter der Kastanie eigentlich bezahlt, Fremder? Das Kirchlein auf dem Wiesenbuckel, die Glocke ruft zur Morgenmesse. Noch vierhundert Meter, noch dreihundert, so stark war der Blutverlust auch wieder nicht, Fremder, na bitte: Du durchkriechst doch schon das Portal. Die Gestalt in der schwarzen Kapuzenkutte steht mit dem Rücken zur Orgel.
„Pater, was habe ich falsch gemacht?" fragst du. Er wendet sich dir zu,

sieht das Siebenzehen-Mal, bekreuzigt sich und springt in den Beichtstuhl. Knirschend verriegelt sich die Tür.
Dieses dumpfe Feuer unter dem Schädeldach. Während du dich durch den Friedhof wieder zur Landstraße schleppst, bombardieren dich die Mausgrauen vom Glockenturm aus mit Uhrgewichten... Du stehst in einer Landespolizeistation und willst zu Protokoll geben: „Der Wolpertinger hat mich gezeichnet." Die Beamten sehen sich stumm an, nicken sich zu und sagen: „Wir haben jetzt alle nichts gehört!" Ein Dorfdrogist simuliert hinter dem Ladentisch einen Herzanfall, nur um dir den Blutlaugenstein nicht verkaufen zu müssen, um den du gebeten hast. In der Tat, du bist gezeichnet. Hätte dich nicht der Landmann mit dem Grünen Star in seinem Pferdefuhrwerk mitgenommen. Du hättest München nicht wieder gesehen. Aber so kannst du nun durch die Straßen laufen und nach dem Niedersächsischen Konsulat fragen. Du mußt ja wieder nach Hause. Die Passanten zucken mit den Schultern: „Das gibt es nicht..."
Er hat sie alle durchdrungen. Die Wildbiologen, der Geschäftsführer des Bayerischen Landesjagdverbandes, sie lassen sich verleugnen. Der Rektor der Technischen Universität, den du am Lift stellen kannst, beteuert: „Das ist doch alles nur Gaudi." Er hat sie verhext, sogar die Bavaria auf der Schwanthaler Höh wendet den Blick ab, als du dich isaraufwärts nach Grünwald durchzuschlagen versuchst. Du irrst durch ein besetztes, durch ein besessenes Land, du durchwatest die Obsessio Bavariae...

I. Die Besitzergreifung Bayerns

(Obsessio Bavariae)

a) Der Freistaat nach der Rematerialisierung des Wolpertingers

In Umkehrung der Einstein'schen Relativitätstheorie, die die Verwandlung von Materie in Energie zuläßt, begann sich der Wolpertinger Mitte der Sechziger Jahre aus Bündeln fixer Ideen heraus zu materialisieren: Er nahm Gestalt an.

Da die Bayerische Staatsregierung diese Entphänomalisierung zunächst ignorieren zu können glaubte, unterblieb im Freistaat die Gründung einer öffentlich-rechtlichen Wolpertinger-Holding (WHO); nur sie hätte die Entwicklung in geordnete Bahnen lenken und einer Kommerzialisierung des Wolpertingers vorbeugen können. So aber kam es im Verlauf der Besitzergreifung Bayern durch den Wolpertinger (Obsessio Bavariae, ein Begriff, der dem Exorzismus entlehnt werden mußte) zu einer beispiellosen Verwilderung der Sitten in allen Gesellschaftsbereichen:

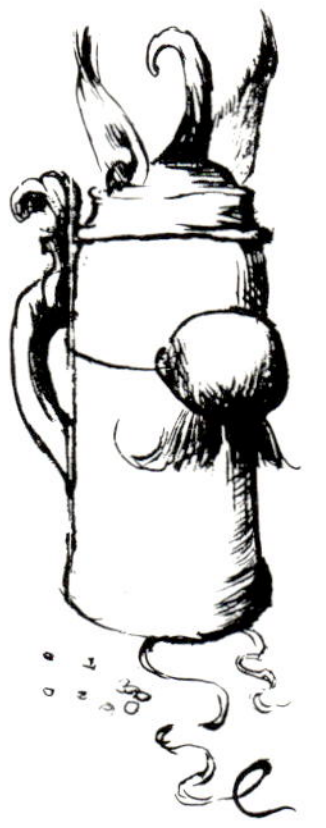

Hauskater, mit Loferln und Eichelhäherfedern als Wolpertinger verkleidet, werden auf Faschingszügen mitgeführt und ausgelacht

In das ehrbare Handwerk der Tierpräparatoren brechen Geschäftemacher ein, die an Fließbändern Wolpertingermodelle aus Pekingenten, Marderköpfen, Plüschelementen und Polyurethan-Zähnen montieren

Die Hautevolee Münchens bewegt sich, wie in den letzten Tagen Pompejis, zu den Klängen einer „Wolpertinger-Tanzlmusi" auf den Parketten und trinkt anschließend berauschende Getränke unter Bezeichnungen wie „Wolpertelex - telex - telex - telex - telex - telex - telex - telex

lb 053

wildererlehrpfad eins (zwei teile)
wilderer wollen jaegerbestand mit tretminenschwammerl reduzieren
von dpa-mitarbeiter andreas greifoner =

baiernrain/obb., 17. oktober 76 dpa/lb - das erste modell fuer einen wilderer-lehrpfad der an den ruchenkoepfen im landkreis miesbach entstehen soll, wurde von der bayrischen wilderer-akademie (bwa) auf dem wolpertinger-symposium am wochenende im oberbayerischen baiernrain der oeffentlichkeit vorgestellt. die bwa verband diese demonstration mit einer ausstellung zur ehrenrettung des wolpertingers, auch kreiss genannt, um endlich der legende entgegenzutreten, dieses seltene tier aus der familie der grossmarder (mustelidae mustelidae) sei nur ein bayerischos phantasiegebilde zur veraechtlichmachung von fremden.

die allgemeine situation des wildererwesens in bayern, das seit dem abschreckenden beispiel des schuetzen georg jennerwein allein auf privatinitiativen angewiesen war, umriss der vorsitzende des bwa-aeltestenrates, der schlierseer professor ernst roth mit den worten: ''jahrzehntelang waren wilderer in bayern fast so selten wie analphabeten. das wildererwesen kann seinen gesellschaftspolitischen auftrag im alpenraum aber nur dann erfuellen, wenn es genuegend schuetzen gibt, die den jaegerbestand auf ein minimum reduzieren''.

zur schulung des wilderernachwuchses soll nun ein von seinem sohn helmut, lehrbeauftragter der bwa, konzipierter lehrpfad angelegt werden, der sich durch eine fuelle technologischer raffinessen auszeichnet. so konstruierten experten der bayerischen wildererakademie tretminen-schwammerl die den jaeger in die luft sprengen oder ihm zumindest ein bein abreissen, baumschlingenfallen und mit gruben kombinierte stolpersteine, die den jaeger in das offene messer fallen lassen.
wildererlehrpfad zwei und schluss
lb ger ne 17.okt 76 1635 nnnn

lb 054

wildererlehrpfad zwei und schluss (baiernrain)
schnellbrutanlage und geh-lernmaschine fuer wolpertingernachzucht =

mit besonderem beifall bedachten die 200 mitglieder der akademie und ihre gaeste aus tirol und suedtirol auch als baumstuempfe getarnte sitzboeller und den hochschleudersitz fuer jaeger. dem lehrpfad soll ein alpenklinikum angeschlossen werden, wo jaeger, die sich nur verletzt haben, an ort und stelle versorgt und wieder soweit hergestellt werden, dass man sie erneut in diesen prozess einschleusen kann.

die demonstration von wolpertinger-fang- und -zuchtgeraeten bewies gleichfalls, dass der bayerische wilderer heute mit der zeit geht. da der wolpertinger aehnlich wie der bayer vom aus-

Am 17. Oktober 1976, 16.35 Uhr Mitteleuropäischer Zeit, geht dieses dpa-Fernschreiben um die Welt. Wolpertinger ist damit im Bewußtsein der Menschheit etabliert.

sterben bedroht ist, konzentrieren sich die technologen der bwa auf apparaturen, die das zeugungspotential der wenigen noch vorhandenen exemplare optimal nutzen. praemiiert wurde unter anderem eine konstruktion des muenchners gottfried drexler junior, mitglied der bwa-gruppe ''jugend forscht'', der unter verwendung eines rasenmaeher-motors eine mobile wolpertinger-schnellbrutanlage entwickelt hat. sie wirft bereits eineinhalb minuten nach einfuehren des wolpertinger-eis das jungtier aus, das dann allerdings - weil es der mutternaehe entfremdet ist, noch in einer geh-lernmaschine trainiert werden muss.
lb ger lo 17.okt 76 1637 mmmm
lb 057

tinger-Milli" oder „Kreißlschbeibe". In Gaststätten des Oberlandes werden sogar geröstete Bananen als „Wolpertinger-Losung" angeboten.
Liebespaare beginnen, sich gegenseitig „Wolpi" zu rufen, und irritieren Partygäste durch Knurren und Keckern
Das Plagiatentum blüht und wenn die neuen Wolpertinger-Bücher auch nur leinengebundene Fußnoten zu Peter Kireins Standard-Zoographie „Der Wolpertinger lebt" darstellen, so lassen sie doch auf einen unglaublichen Verfall des bayerischen Literatenstandes schließen.

b) Die Akademie formiert sich

In diesen Zeiten des Niederganges, die früher die Ungarn auf das Lechfeld gerufen hätten, sammelt sich eine Schar Aufrechter um den späteren Lehrbeauftragten Gottfried Drexler und gründet die „Bayerische Wolpertinger-Akademie" (BWA), die aus taktischen Gründen „Bayerische Wildererakademie" (BWA) genannt wird.

Die Akademie beginnt, das Wolpertingergut zu klassifizieren und katalogisieren, und richtet im ganzen Land Hilflehrstühle und Beratungsstellen ein. In einer Köhlerhütte des Rofan spüren Agenten der Akademie Peter Kirein auf, der sich unter dem bürgerlichen Namen Michael Heim in Tirol aus Scham über die Entwicklung versteckthält, und ernennen ihn zum BWA-Ehrenpräsidenten. Hans Reiser, der spätere große Wolpertinger-Maler, lernt zu diesem Zeitpunkt noch das Orgelspiel, weil das Dorfkirchlein von Fall eingeweiht werden muß.

In einer Kampfabstimmung ohne Beispiel setzt sich auf dem Schisma-Kongreß von Baiernrain der konservative Wolpertinger-Flügel unter Führung des Lehrbeauftragten der Bayerischen Wildererakademie (BWA), Gottfried Drexler, gegen Kreißl-Separatisten durch. Letztere hatten die These „Im Kreißl liegt das Heil" zum Dogma erheben wollen. Das konservative Lager beharrte auf der von Drexler definierten Präambel: „DER WOLPERTINGER IST ZUMINDEST TRANSPARENT, WENN NICHT GAR UNWESENTLICH!"
Bei zwei Enthaltungen siegte die reine Lehre.

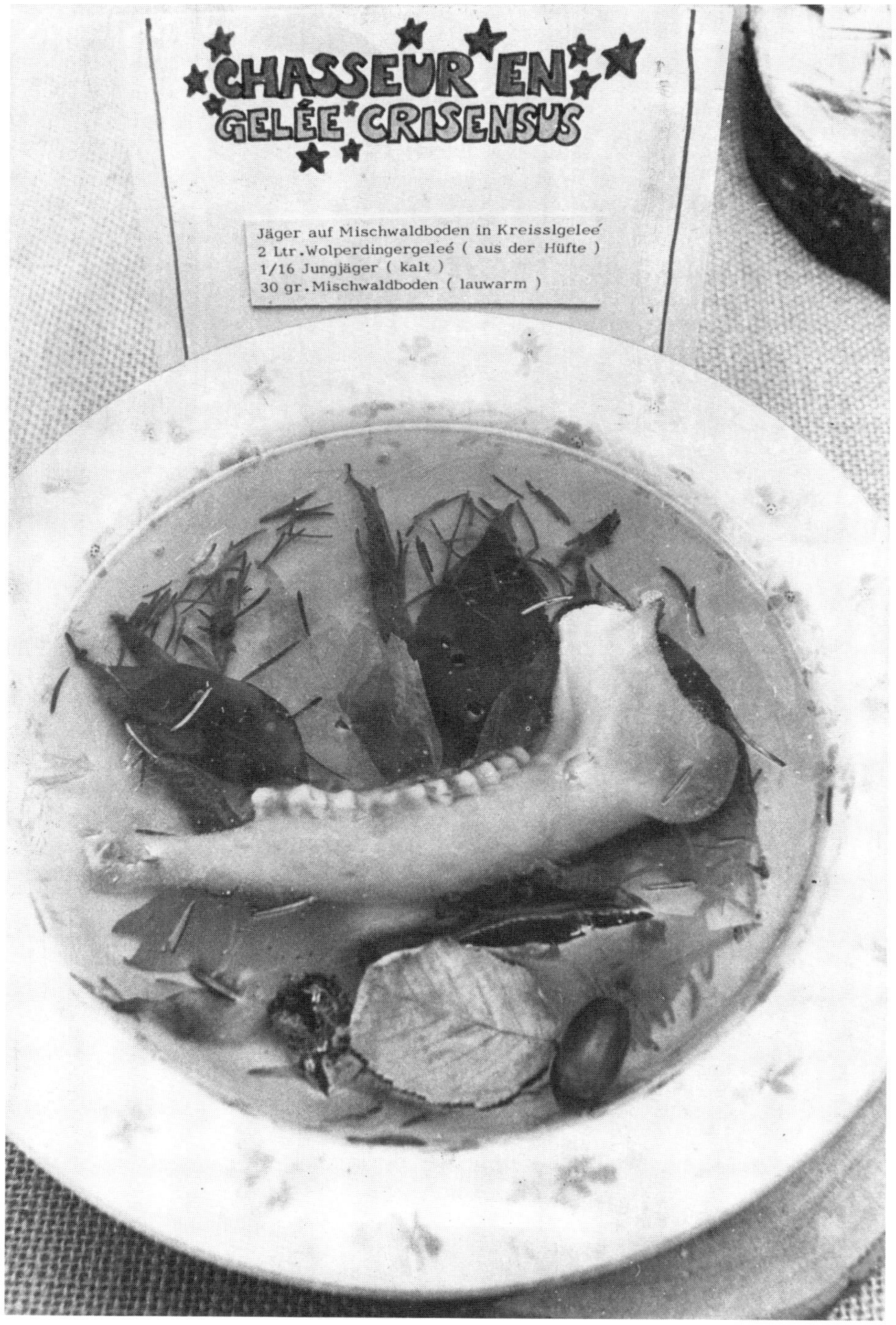

Zwölfsterne-Gerichte, zum Beispiel „Jäger auf Mischwaldboden in Kreißlgelee" (angerichtet von BWA-Chefkoch Xandi Roth) sorgten für das leibliche Wohl der Kongreßteilnehmer.

c) Der Schisma-Kongreß zu Baiernrain

Im Oktober 1976 muß Lehrbeauftragter Drexler die Mitglieder der Akademie samt Ehrenrat und Ältestenrat zum Großen Wolpertinger-Kongreß von Baiernrain bei Holzkirchen einberufen, um einem drohenden Schisma in der Bewegung zu begegnen: In die Akademie haben sich konter-evolutionäre Elemente eingeschlichen (unter ihnen der später entlarvte Gastdozent Otto Grünmanndl vom ORF-Landesstudio Tirol), die den Kreiß oder Kreißl (Crisensus crisensus), einen archaischen Wolpertinger-Vorläufer, auf den Schild heben wollen. Der Kongreß gibt sich zwangsläufig als Wilderer-Treffen aus, was ihm später zum Verhängnis werden sollte.

Die Deutsche Presseagentur konzentriert sich in ihrer Berichterstattung — wie das faksimilierte Telex 1 b 053 vom 17. Oktober 1976 zeigt — nämlich auf die von der Akademie vorgegebenen Aktivitäten zur „Reduzierung des Jägerbestandes im Alpenraum auf ein erträgliches Maß". Obwohl dieses Programm unter dem Gedanken einer „Humanisierung des Waldes" stand und sogar Alpenhospitäler zur Rezyklisierung angeschossener Jäger vorgesehen waren, beginnt die Staatsanwaltschaft bei dem Amtsgericht Wolfratshausen mit Ermittlungen wegen „Aufrufes zu Gewalttätigkeiten". Die Akademie geht daraufhin in den Untergrund. Die „Obsessio Bavariae" gerät abermals außer Kontrolle.

Dabei hatte der Schisma-Kongreß von Baiernrain der Welt eine Fülle von Erkenntnissen der Verhaltensforschung, des Wolpertinger-Mendelns (siehe Kapitel „Zucht") und von Konstruktionsanweisungen für den Bau von Fangmaschinen, Brutautomaten und Geh-Lernapparaten für linksläufige und rechtsläufige Jungwolpertinger vermittelt, sowie einen Kodex für den Umgang mit Wolpertingern festgelegt.

Aus den Referaten
WOFAZU
Chefkonstrukteur Ernst Roth, Schliersee, stellt die erste kombinierte Wolpertingerfangzuchtmaschine (WOFAZU) der Welt vor. Sie verfügt über einen Fangbügel mit eingebauter Injektionsspritze, ein Apothekerkastl mit gepolsterter Schnapptüre und Treibriemenkühlung; außerdem mißt sie die Bodenfeuchtigkeit. Ernst Roth zu konstruktionstechnischen Details: „Die WOFAZU" besteht aus dem oberen und unteren Teil und zieht sich in Richtung Ost-Nordost in die Länge. Die Aufbauten sind rein technischer Natur und ergänzen sich durch ihre Vollständigkeit. Die Zuchtmaschine ist nach allen Seiten hin vertikabel und bedarf jedweder Wartung, auch an Sonn- und Feiertagen." Die Tatsache, daß die WOFAZU durch drei Sprengsätze gegen Anarchisten gesichert ist, dürfte (so Chefkonstrukteur Roth) „jedermann dazu ermuntern, diesen Umstand einfach nicht zu ignorieren."

Der Crisensus bavaricus aus der Sicht des kanonischen Rechts und der Pastoraltheologie
Referent: Manfred Ach, Grünwald
Zusammenfassung: Schon auf dem IV. Konzil von Konstantinopel war

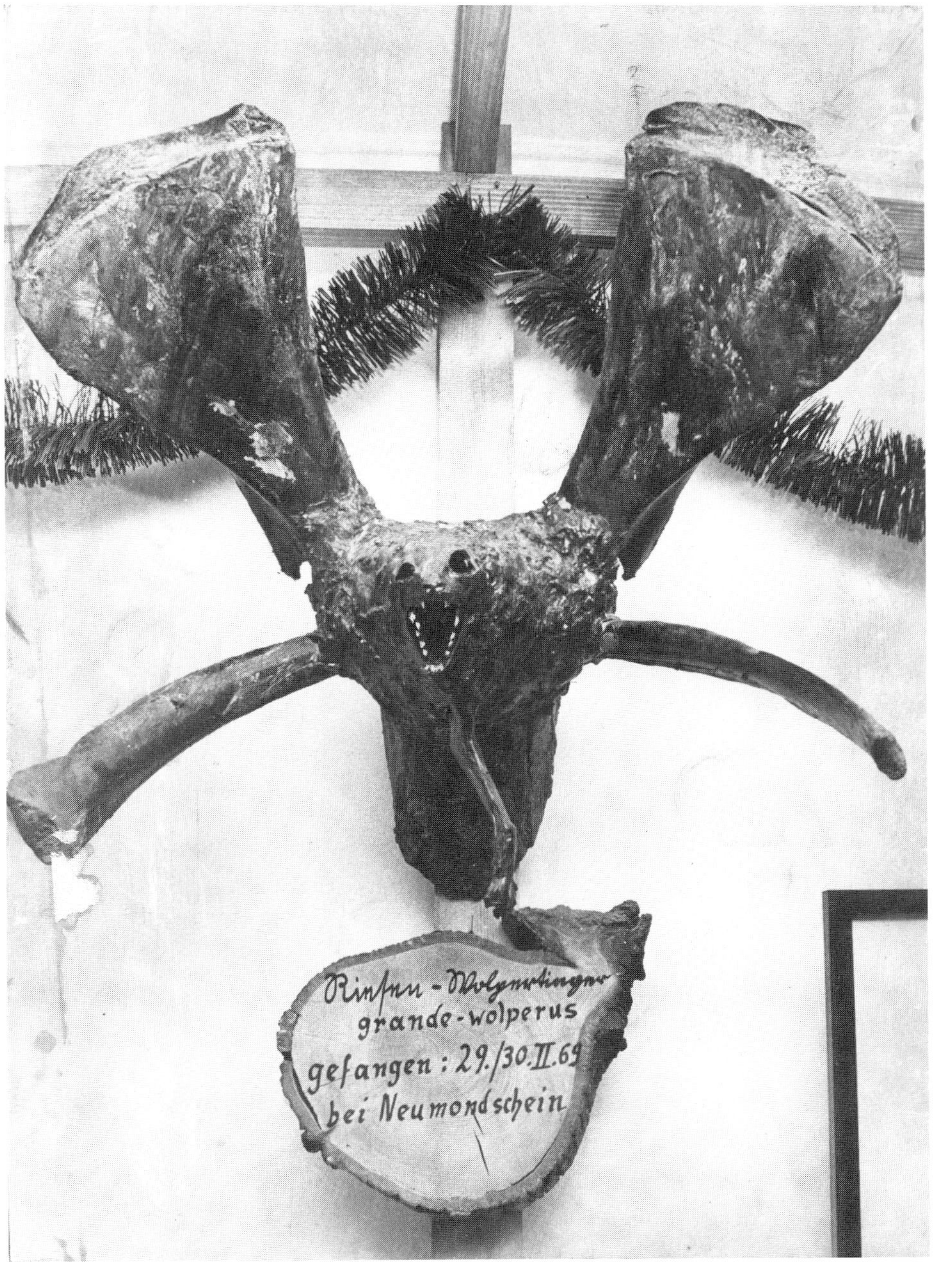

Wolpertinger der Vorzeit wirken — vor allem durch die überproportionierte Kleinheit des Schädels gegenüber dem Flugapparat — eher abstoßend. Wenn man sich heute hingegen etwa den Königs-Kreisel (Seite 19) vor Augen hält, muß man der Evolution neben der entwicklungsgeschichtlichen auch eine ästhetische Komponente zugestehen.

der Crisensus bavaricus Gegenstand ökumenischer Diskussion. In der Isarregion war es nämlich bei liturgischen Feierlichkeiten zu folgenschwerer Verwechslung von Chrisamöl und Oelum crisensi gekommen. Zurückzuführen war der Gebrauch dieses häretischen Öls auf den Verhörer eines Tegernseer Benediktiners. Dieser zum bassen Erstaunen der oströmischen Delegierten und zum achselzuckenden Bedauern der alpenländischen Delegierten aufgetretene Streitfall mag einer der Gründe dafür ge-

Unter einem absolut irreführenden Transparent — Nicht Crisensus erat in crisis, sondern der Kongreß vor seiner Zerreißprobe — verteidigt sich BWA-Ältestenrats-Vorsitzender und Chefkonstruktuer Ernst Roth (Schliersee) bei der Vorführung seiner kombinierten Brüt- und Zuchtmaschine mit luftgekühltem Treibriemen mit vor Erregung bebender Stimme gegen einen Vorwurf aus dem Publikum, es handele sich in Wirklichkeit um eine getarnte Falle, die den Wolpertinger sehr enttäusche . . .

. . . Sekunden später hat das Organisationskomitee die Situation wieder im Griff: Ein Schwarzer Saalschützer, Chefmoderator Xandi R. und ein Akademie-Marschall halten im Auditorium Ausschau nach weiteren potentiellen Zwischenrufern.

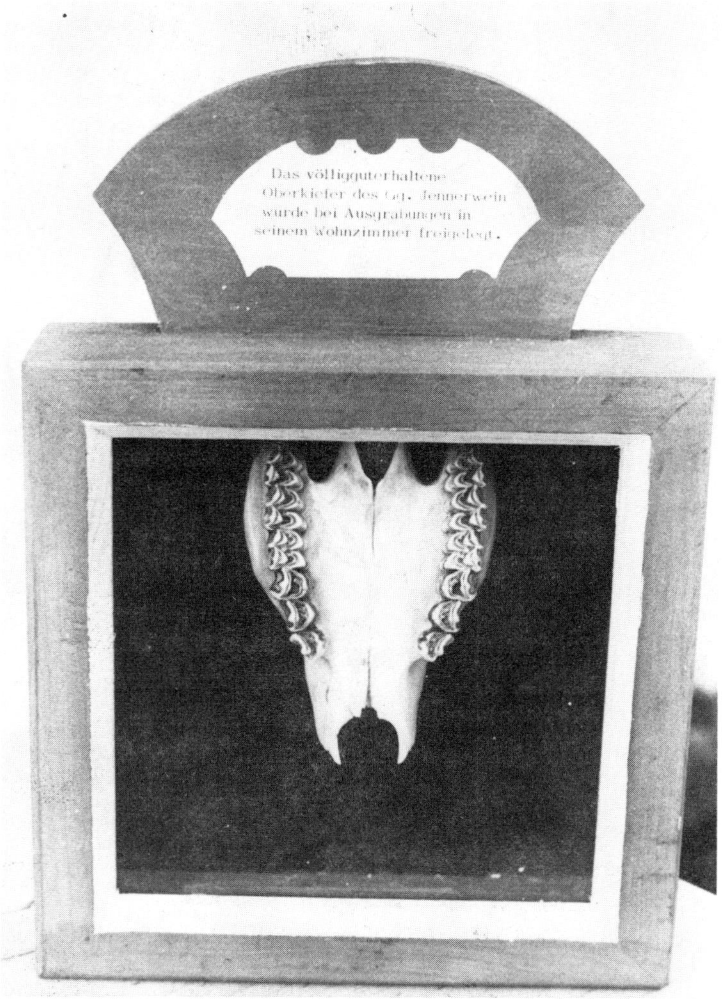

Während alle Welt dank des Märtyrerliedes „Ein junger Schütz in seinen besten Jahren" das grauenhaft zerschmetterte Unterkinn des Wildschützen Georg Jennerwein — Geistiger Vater und Patron der Akademie — im Munde führt, hatte niemand die gleichermaßen berechtigte Frage nach Schicksal, Verbleib und Zustand des Oberkiefers des G. J. gestellt. Ein zweites Reliquenschränkchen im Foyer des Kongreßzentrums (rechts) schloß auch diese jagdgeschichtliche Lücke.
Die Unversehrtheit des Exponates widerlegt alle Thesen, wonach J. möglicherweise durch das Schädeldach, also von einem auf einem Latschenstrauch kauernden Pföderl erschossen wurde. Es bleibt bei der Hinterhältigkeit einer von hinten schrägaufwärts abgefeuerten Kugel.

wesen sein, daß von da an die Reichskonzilien nur mehr im abendländischen Bereich stattfanden. Der Crisensus konnte ja auch nicht Gegenstand oströmischer Interessen gewesen sein...

Eine später von der Sacra Romana Rota eingesetzte Untersuchungskommission kommt nach Prüfung des Ius divinum naturale zu der Einsicht, daß hinter dem Crisensus eine dämonische Potenz vermutet werden müsse; obwohl nicht expressis verbis im Rituale Romanum aufgeführt, wird der Crisensus den Inferiores zugerechnet. Aus dieser unheil-

Nur ein, und noch dazu arachischer, Mustelidae-Unterkiefer — und doch stand er Pate bei einer Reihe technischer Erfindungen:

- ★ *Wagenheber*
- ★ *Stiefelknecht*
- ★ *Bahnschranke*
- ★ *Türklopfer*
- ★ *Gutenmorgenstern*
- ★ *Morseapparat*
- ★ *Hammerschmiede*

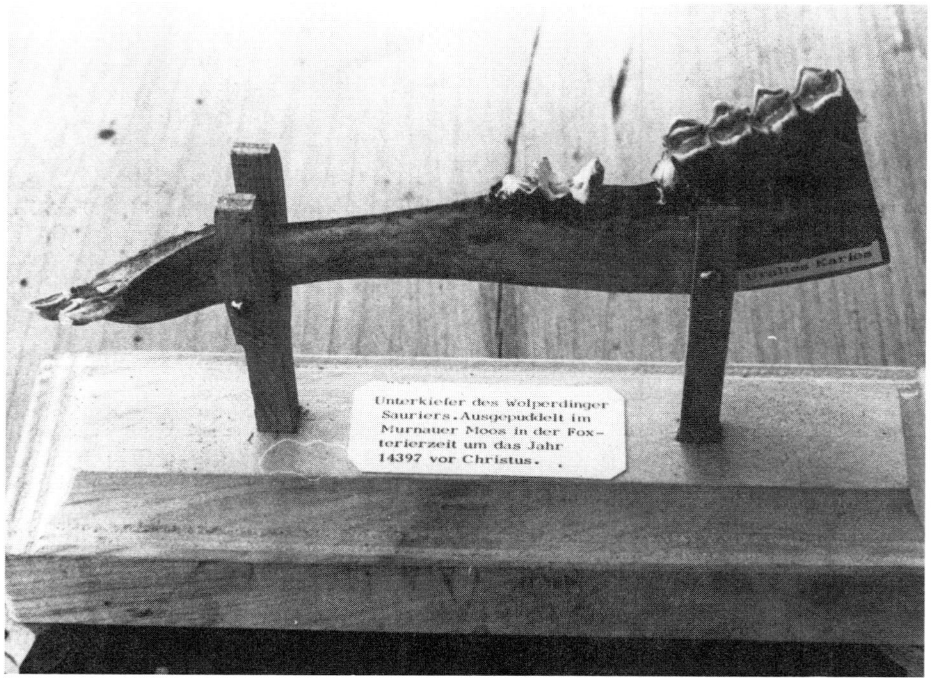

Wolpertingerentsamungs-Dummy (WED), eine technologische BWA-Spitzenleistung, die der Wolpertinger rückhaltlos akzeptiert, wie die digitale Ansprunganzeige immer wieder beweist. Für professionelle Wolpertingerzüchter haben diese Dummies den Vorteil, daß sie nicht warten müssen, sondern in der Zwischenzeit neue WEDs in den Wäldern aufstellen können.

schwangeren Situation erwachsen dann eigenständige liturgische Formen wie die „Südbayerische Votivmesse gegen den Kreißl".

Der Crisensus bavaricus und sein Contribut zur Erection italienischer Monumentalbauten
Referent Dr. Giorgio Tinzl, Milano
Zusammenfassung: Der Referent führt den Nachweis, daß der Tiroler Baumeister Wilhelmus de Innsprugg in Italien bei sich inclinierenden Edifizien wie dem Turm von Pisa rechtsläufige Wolpertinger aus seiner Heimat eingesetzt hat, weil diese wegen ihrer rechtsseitig verkürzten Extrimitäten auf geneigen Bauwerken besser balancieren können.

Rechtsläufigkeit bei Wolpertingern tritt dadurch auf, daß sie auf der Suche nach Fähen Gebirgsstöcke und Gipfelpyramiden immer nur im Uhrzeigersinn umkreisen. Da Rechtsläufigkeit vererbt wird, handelt es sich um eine erworbene genetische Information.

Das Phänomen der Rechtsläufigkeit bei Wolpertingern, das nur in der nördlichen Hemisphäre beobachtet wird, ist nach dem Eingeständnis Tinzls bis zum heutigen Tage nicht aufgeklärt. Alle bisherigen Forschungsergebnisse deuten auf Zusammenhänge mit Gravitation und Erdrotation hin, weil auf der nördlichen Erdhalbkugel auch Badewasser nur in rechtsgerichteten Wirbeln abläuft. Entsprechend können südlich des Äquators, wo das Badewasser gegen die Uhr abfließt, auch nur linksläufige Wolpertinger existieren. Versuche, rechtsläufige und linksläufige Wolpertinger (RLW/LLW) zu kreuzen, hält der Referent für sinnlos, weil ein beiderseitig verkürzter Bastard auf dem Bauch liegen müßte.

Diese Patrona Bavaria erweist sich als der gute Geist des Kongresses und erhält letztlich die Disziplin aufrecht, auch bei Teilnehmern, die nicht damit rechnen müssen, nach dem Symposium füsiliert zu werden.

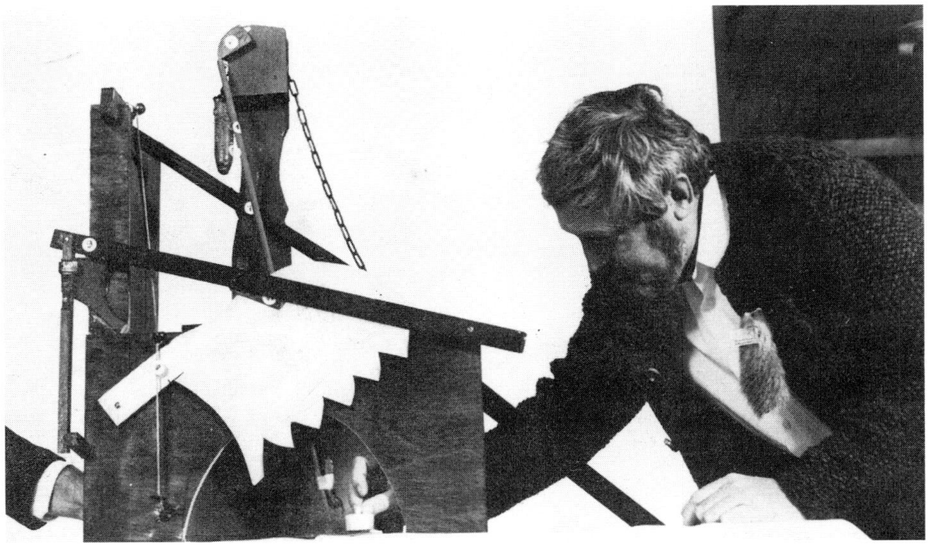

Eine hölzerne Wolpertingerfalle aus der Guten Alten Zeit, allerdings mit elektronisch gesteuertem Slowmotion-Ablauf, der das Tier nicht beschädigt. Konstrukteuer René Göring hat überdies einen Kipparm eingebaut, der nach dem Fang die im Inneren aufgestellte Lockkerze löscht, um den Wolpertinger nicht anzusengen.

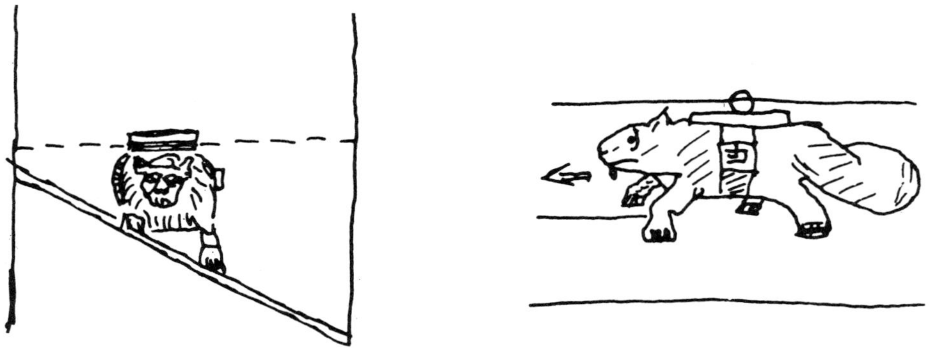

501
Den Einsatz von rechtsseitig verkürzten Lastenwolpertingern (LTW) beim Bau des Turmes von Pisa erläutert Referent Tinzl anhand dieser Frontal- und Lateralskizzen. Sie zeigen LWs mit aufgeschirrtem Teodoliten auf biaxial geneigten Ebenen. Man beachte die Sohlenstellung, die durch die parallelelopipede Positionierung der Wadenbeine die gedachte Verbindung zwischen den Lauscherspitzen stets in die Horizontale bringt. Kennzeichnend für die Arbeitsstellung ist die konzentrierte Horizontalität.

Unmittelbar nach dem Abstimmungssieg von Baiernrain, der der Welt ein Wolpertinger-Schisma erspart, wird der Führer des konservativen Flügels, Gottfried Drexler, von Reportern bestürmt.

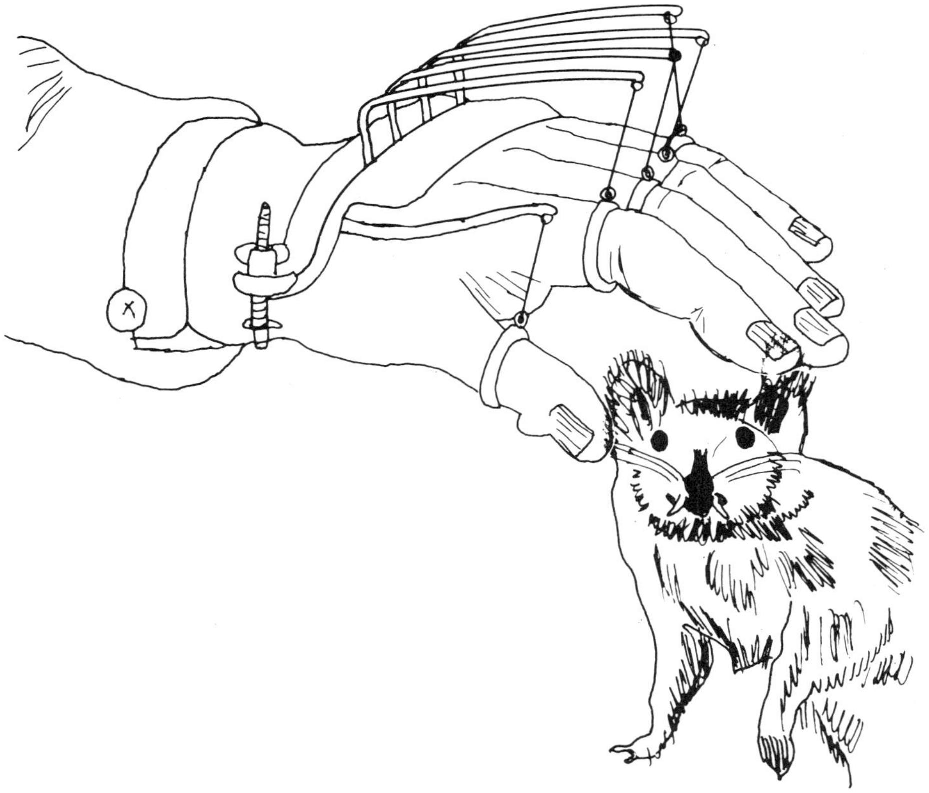

Auf dem Kongreß mit großem Erfolg demonstriert: Griffverstärker für linkshändige Wolpertingerfänger mit Arretiermöglichkeit zum sicheren Heimtransport des einmal gegriffenen Kreißls.

Trotz der ungemeinen Spannung, die über Baiernrain lastet, kommt es an der Peripherie des Kongreßgeschehens immer wieder zu befreiendem Gelächter. Mit den Rücken zur Kamera: Zwei Anhänger der Kreißl-These.

Gefahren eines allzu intensiven Kontaktes mit dem Wolpertinger: Gesichtsergreifung

(Possessio physiognomiae)

Sehr gern hat es der Wolpertinger, wenn man sich ihm im Gewand des keltischen Kapuzengottes Genius cucullatus (der sich seinerseits in der Koboldgestalt des Goggolore in unsere Tage hinübergerettet hat) nähert, weil ihn dies an seine eigenen druidischen Anfänge erinnert (Ministrantendienste bei gallischen Feldgottesdiensten, Asterix-Granitreliefcomics, Metzelsuppe nach Menschenopfern etc.).

Annähernder und Wolpertinger versetzen sich dabei in einen wechselseitigen Zustand der Trance, der vorübergehend in tiefe Bewußtlosigkeit abgleiten kann, aber immer noch ungefährlicher als ein Trip ist.

So sehr diese Art der Begegnung, dieses Ineinanderaufgehen, zu begrüßen ist, so eindringlich muß doch vor allzu intensiven Kontakten gewarnt werden, weil sie sich auf die Gesichtsmuskulatur niederschlagen kann, bis hin zur totalen Possessio physiognomiae (=PP-Syndrom). Dieses PPS kann, vergleichbar mit dem Malaria-Erreger, ein Leben lang latent vorhanden bleiben, um nur in Momenten äußerer Anspannung — zum Beispiel in Erwartung eines Blitzlichtes (Bild Mitte) — durchzubrechen.

PPS kann aber bei psychischen Konditionsschwächen auch permanent offen zu Tage treten, wie ein tragisches Selbsttexperiment des Lautmalers Ludwig Siegert auf dem Wolpertinger-Kongreß bestätigte: Während seiner Ausführungen über die Koppierersprache des Wolpertingers (Koppen = Luftaufstoßen, kein Rülpsen, sondern eher dem ,,Bäuerchen" aus der Säuglingspflege zuzuordnen) brach das Possessio physiognomiae-Syndrom bei Siegert so massiv durch (Bild rechts), daß er in der anschließenden Diskussion nur noch auf Zetteln antworten konnte, weil niemand die Koppierersprache verstand. Der Referent lebt heute zurückgezogen in einer Tropfsteinhöhle in der Fränkischen Schweiz.

Das Institut für Wolpertingerschadenforschung wurde nicht aus haftungsrechtlichen, sondern rein wissenschaftlichen Motiven gegründet. Zunächst einmal ist jeder Schaden, und sei es nur der durchbissene Bremsschlauch eines Autos, ein Beweis für die Existenz des Wolpertinger. Zum zweiten — und diese Information braucht eine Gesellschaft, die mit dem Wolpertinger zu leben hat — gibt jedes Schadbild Aufschluß darüber, wie der Wolpertinger in einer um Kunststoffe, Toxine, Schwermetalle und Sonderdeponien bereicherten Ökosphäre zurechtkommt.

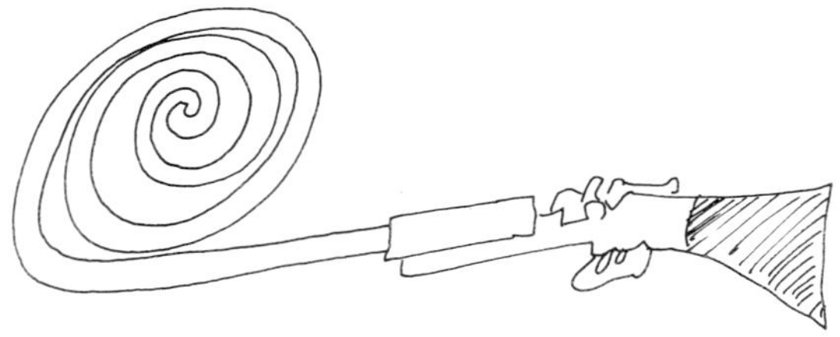

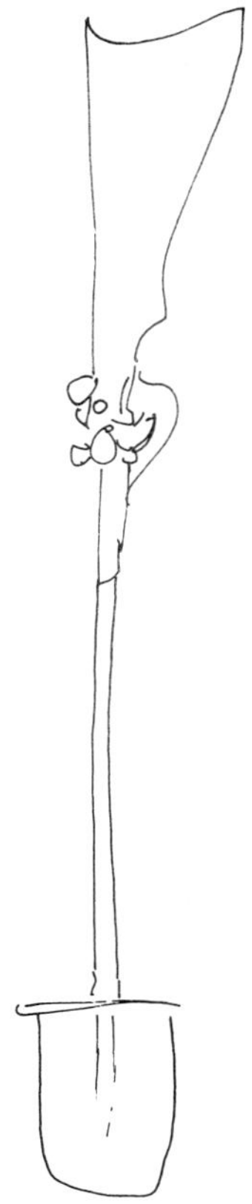

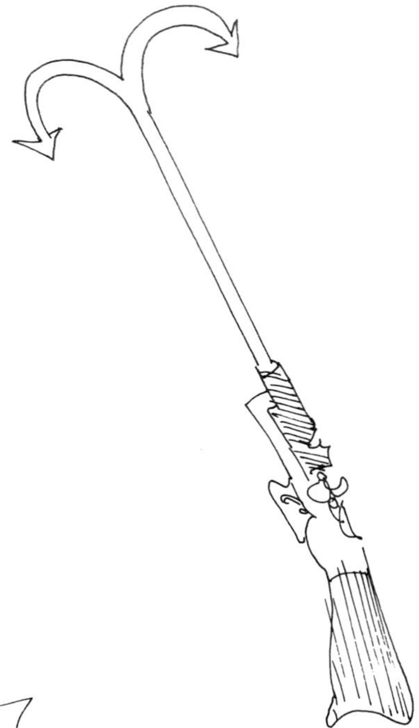

Wolpertinger Skizzenblatt
Schadhafte Veränderungen am Waidwerkzeug durch einen „W."

Michael Henning

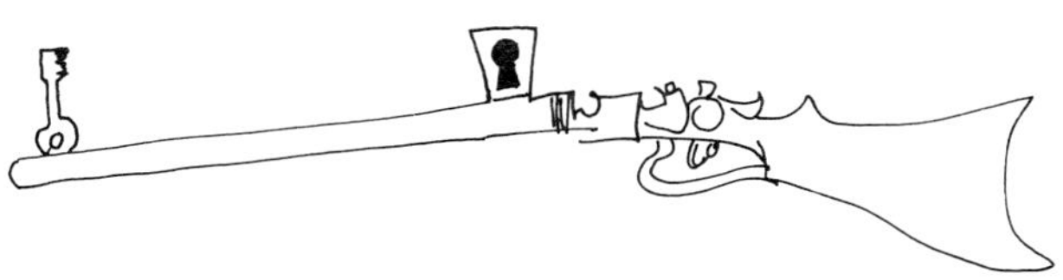

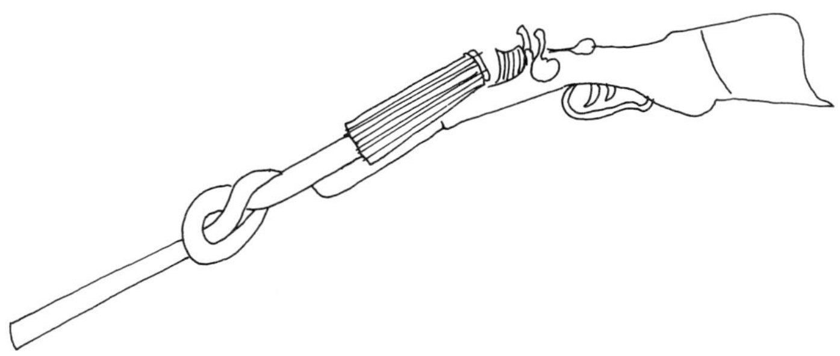

Eine Herausforderung für Parapsychologen: Da der Wolpertinger niemals eine Waffe in die Brante nehmen würde, kann er diese Veränderungen an den Gewehren nur durch Telekinese (Fernbewegen von Gegenständen mittels übersinnlicher Kräfte) bewirkt haben.

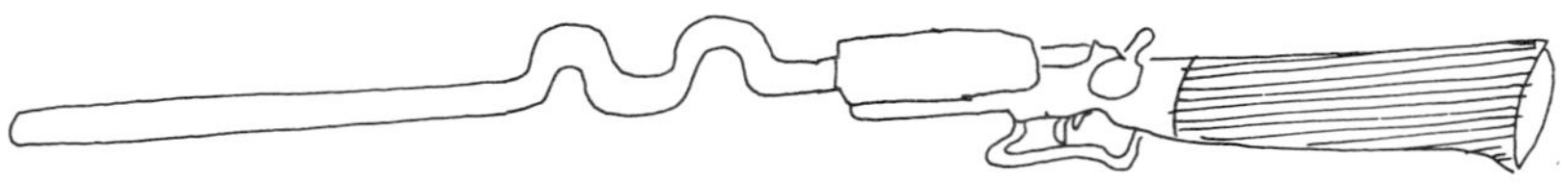

INSTITUT FÜR WOLPERTINGER SCHADENFORSCHUNG
ges. ges.
INST. F. W–SCHADENFORSCHUNG – ABT. KLEINSCHADEN

ZEUGEN
Forstmeister Rörl
Forstgehilfe Brunft
Jägermeister Dröhn

Schon immer mehr Menschen bekennen sich zum Wolpertinger. Nicht nur in München . . .

Wolowicz Ladislaus Ing. (Nrd) Karwendel-1 7 55 20 16
Wolperdinger Berta (Tkn) Eschen-11 6 12 13 45
– **Ingrid** 19 Orff-39 16 62 84
– **Josef** VermessungsTechn. 2 Luisen-41 52 16 62
– **Monika** 83 MaxKolmsperger-19 6 70 71 18
– **Richard** KleinTransp. 40 Schleißheimer-327 3 51 54 10
Wolpers Arnd u. Cornelia 70 Pfeufer-28a 77 29 12
Wolpert Christa 21 Valpichler-9 57 71 69
– **Elisabeth** Lehrerin 19 Arnulf-277a 17 09 93
– **Ernst** Dr. Rechtsanwalt 2 Türken-32 28 17 98
Priv. 50 Manzo-80 14 33 50
– **Fritz** (Ism) AmGriesacker 12 96 60 72
– **Helga** 40 Ungerer-108 36 77 21
– **Herbert** 45 Bernays-21 3 11 44 98
– **Herbert** ZooGesch 21 Fürstenrieder-81 56 52 40
– **Kurt** Dr. med. 40 Nietzsche-30 3 59 25 01
– **Paula** 22 Falckenberg-11 29 94 18
– **Paula** 19 Sadeler-6 15 56 83
Wolpertinger Josef 83 HeinrichWieland-185 67 64 64
– **Maria** 5 Kapuziner-37 2 01 06 43
– **Ottilie** 80 Grafinger-87 40 68 26
– **Therese** 70 Krüner-23 7 60 49 44
– **W. M.** 50 Ratold-24 3 14 29 15
Wolrab Gabriele 70 Mauthäusl-17 78 39 56

. . . sondern auch, mit bis zu zwei Silben, in Stuttgart

Wolpert Hubert 50 Immergrünweg 16 **53 42 94**
Wolpert Ingrid 50 Pflaumweg 10 **53 28 69**
Wolpert Julius 1 Rosensteinstr.111 **25 61 36**
Wolpert Karl 40 Langobardenstr.5 **87 19 62**
Wolpert Luise 31 Mittenfeldstr.98 **86 22 70**
Wolpert Maria 60 GeislingerStr.58 F **4 20 19 91**
Wolpert Maria 1 Staffelstr.4 **26 04 38**
Wolpert Marlene 50 Wilhelmstr.40/1 **56 77 66**
Wolpert Otto 40 Langobardenstr.5 **87 39 11**
Wolpert R. 50 Kienbachstr.29 **52 69 39**
Wolpert Siegfried 40 Freihofstr.59 **80 13 42**
Wolpert Wilfried 1 Wagnerstr.38 **24 76 29**
Wolpert Wilhelm 1 Knollstr.27 **25 45 62**

. . . Köln

Wolper Anna 30 Buschweg 37 50 18 52
– **Elisabeth** 30 Grevenbroicher-64 50 48 95
– **Erich** 41 FriedrichSchmidt-16 40 24 77
– **Jakob** 60 Stammheimer-158b 7 60 42 58
– **Johann** 30 Fröbel-37 51 37 35
– **Johann** 30 Sömmering-30 51 53 67
– **Karin** 91 PollVingster-205 8 30 44 35
– **Magdalena** 90 Engels-3 (Pz) 1 52 87
– **Peter** 71 Weichseiring 7 70 76 93
– **Ralf** 21 Barmer-9 81 83 21
– **Renate** 60 Eltener-3 76 16 86
– **Ute** 90 Aggerweg 6 (Pz) 1 41 13
– **Wilhelmine** 30 Vogelsanger-177 52 25 82
Wolpers Friedrich K. Dr.med. Facharzt f. Chirurgie 41 Siebengebirgsal.55a 41 84 31
– **Irmgard** 80 Schleiermacher-37 61 40 44
– **Karl** 30 Halm-5 55 14 55
Wolpert -Kubaink Baugeschäft GmbH 51 Gottesweg Weg A 3 60 38 95
Wolpert Adele 1 Sternengasse 1a 21 60 24
Wolpert E. GmbH & Co KG Schreinerei Kunststoff-Fenster 51 Gottesweg, Weg A 36 61 77
Wolpert E. 30 Toller-1 50 39 36
– **E.** Schreinerei Kunststoff 51 Gottesweg Weg A 36 61 77
– **Hans** Architekt BauUnternehmen 41 Hirschberg-18 41 17 38

Wolper Wolfgang 47 Fuchsienweg 50a **66 53 23**
Wolpert Beate 15 LietzenburgerStr.99 **8 81 42 84**
Wolpert Irmgard 41 SchönhauserStr.5 **7 92 71 23**
Wolpert Petra 62 Ebersstr.10 **7 84 78 30**

. . . Braunschweig

Wolpers Auguste-Lotti GifhornerStr.62 **31 41 46**
Wolpers Friedel Wachholtzstr.18 **34 15 59**
Wolpers Heinrich Chemnitzstr.2 **50 22 25**
Wolpers Heinrich Tunicastr.17a **33 50 92**
Wolpers Petra Raabestr.1b **87 26 99**
Wolpers Willi Salgenholzkamp 4 **(Wn) 24 46**
Wolpert Friedrich **69 13 36**

und Hannover

Wolper Dietmar 91 Limmerstr.71 **2 10 30 50**
Wolper Ruth ElbingerWeg 21 **60 25 46**
Wolpers & Co. Druckerei 1 Volgersweg 6 **34 26 87**
Wolpers Elfriede Wittekamp 14 **66 36 17**
Wolpers Elli FreienwalderStr.18 **58 27 93**
Wolpers Emma Ihmepl.1 **4 58 23 18**
Wolpers Franz 1 VahrenwalderStr.56 **31 26 89**
Wolpers Frieda Bolschestr.12 **81 36 27**
Wolpers Günter Hinrichsring 4 **6 96 69 04**
Wolpers Günter 1 Warstr.5 **70 25 20**
Wolpers Gustav Lenbachpl.5 **69 14 80**
Wolpers H. (Msb) HannoverscheStr.41 **58 42 81**
Wolpers Hedwig (Rbg) LöwenbergerStr.18 **46 36 58**
Wolpers Käthe Tiestestr.5 **85 81 25**
Wolpers Manfred (Ish HB) Rubensstr.9 **77 45 48**
Wolpers R. Ing.grad. Elektro- u. NachrichtenTechn. (Lgh) KurzerKamp 4 **73 28 36**
Wolpers Martha GottfriedKellerStr.22 **69 15 83**
Wolpers Sophie GustavBratkeStr.36 **58 55 12**

Aber auch geschlossene Ortschaften gehen bereits zum Wolpertinger über

Wolpadingen 110 □ 2, ✉ 7821, 🚆 PEGb St. Blasien 11 km, 🚌
Wolperath 57 □ 9, ✉ 5201 Post Neunkirchen, 🚆 PEG Hennef (Sieg) 8 km, 🚌
Wolperdorf 61 ▪ 5, ✉ 5529 Post Leimbach, 🚆 PEG Neuerburg 4 km, 🚌 Leimbach 2 km
Wolperode 46 ▪ 3, ✉ 3371, 🚆 PEG Altgandersheim 3 km
Wolpert (L) 70 ▪ 2
Wolpertsdorf 83 ▪ 7, ✉ 7171 Post Bühlerzimmern, 🚆 PEG Sulzdorf 4 km
Wolpertshausen 83 ▪ 7, ✉ 7171, 🚆 PEG Eckartshausen-Ilshofen 7 km, 🚌
Wolpertsheim 103 □ 8, ✉ 7961 Post Mittelurbach, 🚆 PEG Bad Waldsee 3 km
Wolpertstetten 94 ▪ 8, ✉ 8881 Post Unterglauheim, 🚆 PEGb Blindheim 3 km
Wolpertswende 102/103 □ 4/8, ✉ 7981, 🚆 PEG Mochenwangen 4 km

Der Name Vampir-Kreißl (Vampyrus, circula) geht auf eine Verwechslung zurück: Er hatte nachts in der Laborkantine Rote-Rüben-Saft verspritzt und die vermißte Nachtschwester war lediglich wegen Migräne im Morgengrauen nach Hause gegangen, um sich erst drei Tage später krankzumelden. Diese Nomenklatur mußte aber beibehalten werden, da sie bereits notariell in die Züchterrolle eingetragen war. In Wirklichkeit zählt der Vampir-Kreißl, selbst wenn er seine Stummelimponierflügel ausbreitet und den Fang entblößt, zu den harmlosesten Unterordnungen. Gerade das Gebiß ist es, das ihn als Mottenjäger und Löwenzahnsamenbeißer ausweist.
Am wohlsten fühlt sich der Vampyrus circula, wenn man sich ihm so nähert, als wäre er wirklich einer: Lange, über die Handgelenke reichende und den Puls abdeckende Hemdenmanschetten aus grober Baumwolle, Plastikfliege auf dem Adamsapfel, dezenter Knoblauchgeruch, ein Bündel Haselnußholzpfählchen (Mikado-Format), die über die Brustaußentasche des Jacketts hinauslugen, Bekreuzigen beim Betreten des Raumes, scheues Hin- und Herblicken. Nicht furchtbar genommen zu werden, kann beim Vampyrus circula zu schweren Depressionen führen, bis hin zu traumatischen Überkompensationen, die ihn dann wirklich zu einem werden lassen könnten.

Der Mönchs-Wolpertinger ist, unabhängig von der späteren Entartung zum Fliegenden Mönchswürger (Siehe Kapitel „Luftgängige Wolpertinger) grundsätzlich ökumenischer Natur, wie Allergie-Tests bewiesen haben: Er reagiert auf den Anblick einer gelben Hindu-Mönchsrobe nicht anders als auf die Präsenz einer Kapuzinerkutte oder das Scheppern eines Rosenkranzes, was den Schluß zuläßt, daß er von globaler Toleranztranszendenz sein muß. Für den Umgang mit Mönchs-Wolpertingern gibt es verhältnismäßig wenig Verhaltensrichtwerte. Übereinstimmende Berichte besagen lediglich, daß man ihm mit dem Abspielen von beliebigen 45er-Schallplatten bei einer Umdrehungszahl von 33 große Freude bereiten kann, weil er dann Gregorianische Gesänge zu hören glaubt.

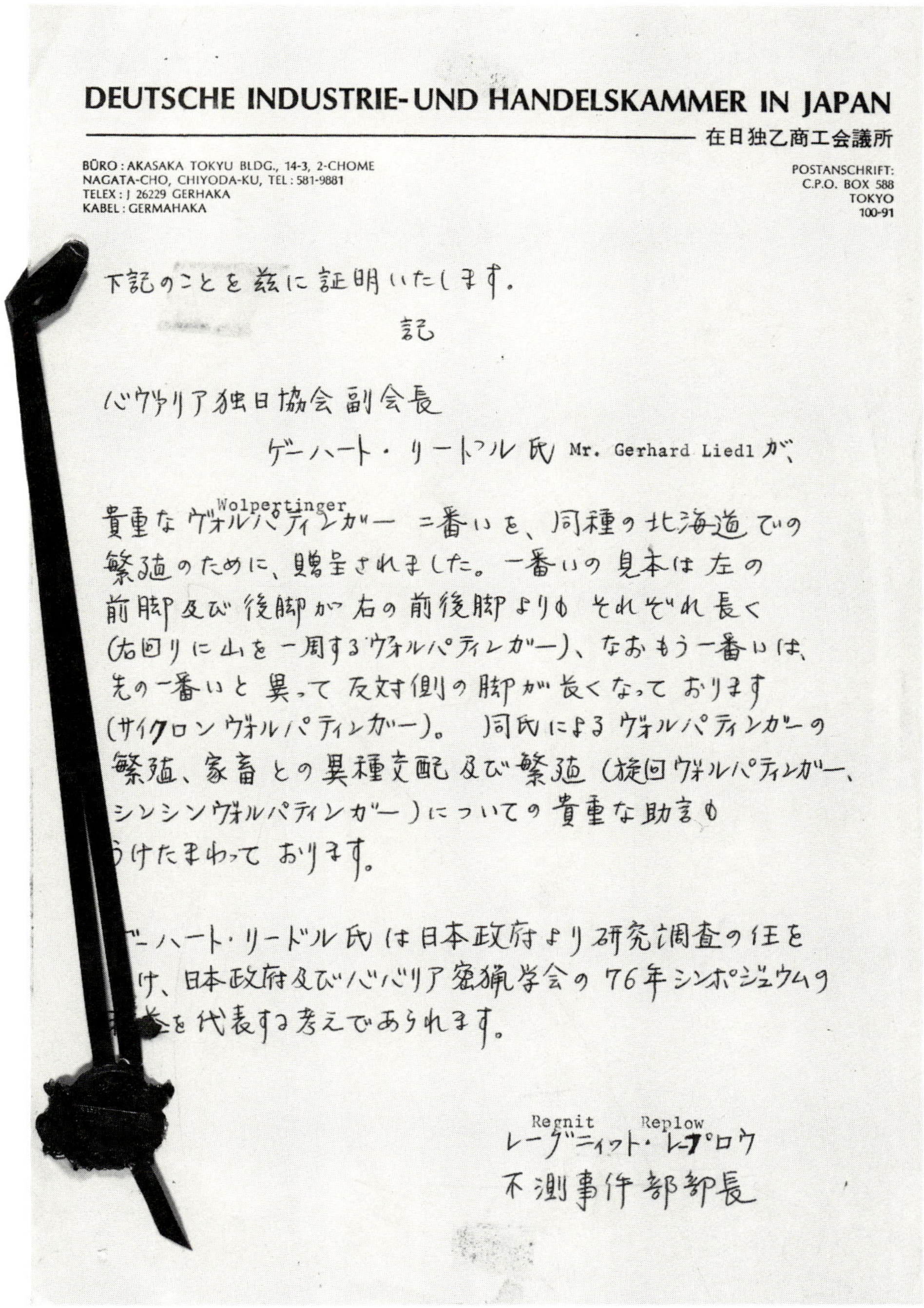

DEUTSCHE INDUSTRIE-UND HANDELSKAMMER IN JAPAN

在日独乙商工会議所

BÜRO: AKASAKA TOKYU BLDG., 14-3, 2-CHOME
NAGATA-CHO, CHIYODA-KU, TEL: 581-9881
TELEX: J 26229 GERHAKA
KABEL: GERMAHAKA

POSTANSCHRIFT:
C.P.O. BOX 588
TOKYO
100-91

下記のことを茲に証明いたします。

記

バヴァリア独日協会副会長

ゲーハート・リートゥル氏 Mr. Gerhard Liedl が、

貴重なヴォルパティンガー (Wolpertinger) 二番いを、同種の北海道での
繁殖のために、贈呈されました。一番いの見本は左の
前脚及び後脚が右の前後脚よりもそれぞれ長く
(右回りに山を一周するヴォルパティンガー)、なおもう一番いは、
先の一番いと異って反対側の脚が長くなっております
(サイクロンヴォルパティンガー)。同氏によるヴォルパティンガーの
繁殖、家畜との異種交配及び繁殖(旋回ヴォルパティンガー、
シンシンヴォルパティンガー)についての貴重な助言も
うけたまわっております。

ーハート・リードル氏は日本政府より研究調査の任を
け、日本政府及びバヴァリア密猟学会の76年シンポジュウムの
会を代表する考えであられます。

Regnit Replow
レーグニィット・レプロウ
不測事件部部長

Die Deutsche Industrie- und Handelskammer in Japan bedankt sich für die Zustellung von zwei Königs-Kreißln.

Wer glaubt, sich einem Königs-Kreißl (er wurde eigens für den Export in das Kaiserreich Japan entwickelt, wie nebenstehende Bestätigung über die Lieferung der beiden ersten Exemplare nach Hokaido belegt) in devoter Haltung nähern zu müssen, mit unterwürfigem Grinsen, schleppendem Schritt oder nach Butler-Manier herabhängenden Armen, erweist weder dem Königs-Kreißl noch sich selbst einen Gefallen. Auch ein Königs-Kreißl wächst mit der Herausforderung durch sein soziologisches Umfeld: Durch Züchter oder Halter mit federndem Gang, offenem Blick und zugreifenden, entschlossenen Gebärden, durch Männer, die Respekt bekunden, sich aber nicht scheuen, auch einmal eine Käfigtür ins Schloß zu werfen.

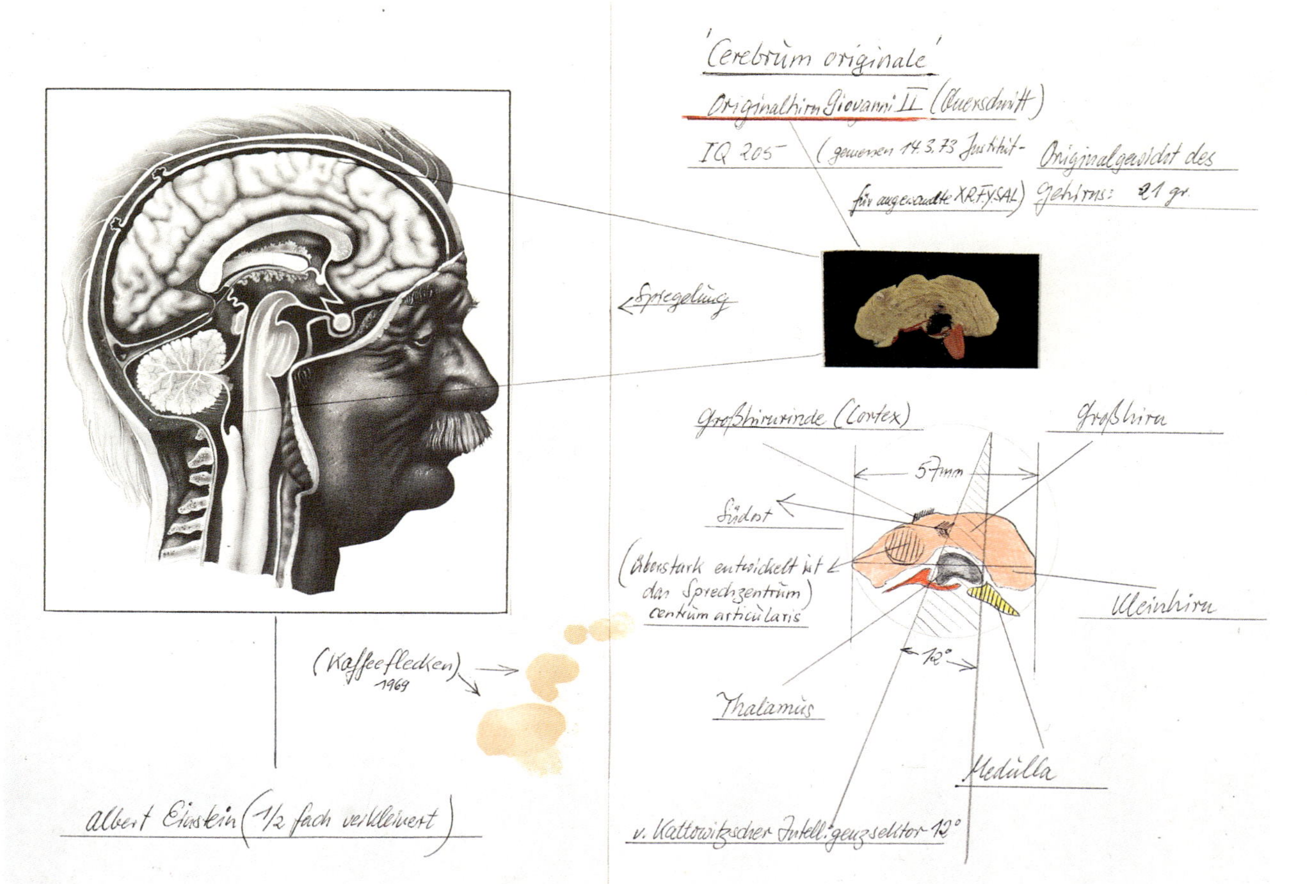

Studien zur Cerebral-Pathologie des Wolpertingers

(aus den Aufzeichnungen von Prof. Dr. Zwilling)

Zwilling beschäftigte sich in der Zeit seiner Lehrtätigkeit an der Universität Padua ausschließlich mit der Analyse des Gehirns des Wolpertingers „Giovanni II", der laut Messung einen um 5 (in Worten: Fünf!) Punkte höheren IQ aufwies als Albert Einstein (deutscher Physiker 1879—1955). Aufgrund der damit verbundenen Einsicht hat sich „Giovanni II" auch geweigert, die Relativitäts-Theorie, die zur Atombombe führte, zu entdecken. Er verehrte lieber Descartes („Coito, ergo sum").

Um den Wolpertinger zu diffamieren, schreckte der Gegenflügel auf dem Schisma-Kongreß von Baiernrain nicht einmal vor archäologischen Fälschungen zurück. Ein besonders gelungenes Falsifikat zeigt „Die Quadratur des Kreissl durch Archimedes".

Aus ihrer Losung sollt Ihr lesen (Ganghofer)

Für den nacheiszeitlichen Jäger und Sammler, für den Streifer und Greifer war Wolpertinger-Losung die einzige Morgenlektüre, die sie aktuell über Witterung, Vegetation, Fauna und Nachbarschaftliches unterrichtete und ihnen langfristig half, ihr Environment auf den Spuren der weichenden Gletscher wieder zu erkunden und in Besitz zu nehmen. Jeden Tag, wenn die Rudel von ihren nächtlichen Streifzügen durch das Gebirge in die Ebenen zurückkehrten, deponierten sie, wie Auslandskorrespondenten im heimatlichen ARD-Studio, News unter Bäumen, an Quellen oder vor Wohnhöhlen.

Konsistenz und Konfiguration von Wolpertinger-Bollen (WBs = vulgo Gewölle) enthalten, wenn man sie zwischen den Fingern zerreibt, mit den

Augen mustert oder belauscht (wer bei Temperaturwechsel in einem WB das Knistern in der Schale eines Parasitenwurmeies vernehmen konnte, hatte das absolute Gehör und wurde automatisch Obersammler oder Vorjäger) in ihrer Kombination eine Fülle von Informationen, die das nacheiszeitliche Jägergehirn überflutet und mitunter überreizt haben müssen, zumal es Datenverarbeitungssysteme nicht einmal in Ansätzen gab. Gleichwohl mußten sie bewältigt werden. Beispiele:

Wollgras zerfranst, hastig abgebissen, nicht aufgeschlossen = Keine Zeit, Ranzsaison im Anzug

Libellenflügel oder Schneehasenköpfe nicht verdaut = In den Bergen bleibt es kalt, Gallenflüssigkeit eingefroren oder zumindest eingedickt

Angeschimmelte Wurzelreste des Dachziegeligen Enzians = Wolpertinger durch Überpopulation unter Sozialstreß, versuchen sich durch innersekretorische Gärung zu alkoholisieren, um zu vergessen

Zermahlene Speerspitzen, Flintsteine, Broncereifen, Menschenhaar im W-Gewölle = eine Top-Information, den Schlagzeilen von heute vergleichbar: Wolpertinger haben Nachbartalschaft ausgerottet, Jagdgründe und Quellen werden frei!

Persianerlammhaarartig aufgedreht = Föhn

Wirft Bläschen = Sie müssen wieder aus einer Selterswasserquelle getrunken haben

Abgebrochene Wolpertingerzähne = Zu wenig Fluor im Trinkwasser, wir sollten weiterziehen

Grünspan-Überzug = Doch Kupfervorkommen in der Nähe, interessante Gegend, wir bleiben

Glitzern = Schon wieder Nuggets im Isarsand, wenn das Gold nur nicht so weich wäre

Schillern/Irisieren = Beim Höhlengraben offenbar wieder auf Erdöl gestoßen

Strahlen/Ticken = Diese Scheißaußerirdischen, lassen an den Picknicklandeplätzen immer ihre Brennstäbe liegen

Angerostet = Könnte Ferrum-Dioxid sein. Wir nähern uns dem Ende der Bronzezeit

Elfenbeinsplittereinschlüsse in WBs = Es gibt also doch noch Mammuts in den Alpen

Bernsteingrieß in der Losung = Wieder Händler von der Ostsee auf dem Weg nach Süden. Pässe besetzen und abfangen!

Diese Informationen, die auch dem Menschen des ausgehenden Zwanzigsten Jahrhunderts zur Verfügung stünden, haben naturgemäß an Wert verloren, weil es Wetterberichte, Raumordnungsverfahren und Börsenkurse gibt und Erzlagerstätten sich leichter aus dem Weltraum erkunden lassen. Dafür gewinnt die Klassifizierung und Interpretation von Wolpertinger-Losung unter dem Aspekt der Verhaltensforschung zunehmend an Bedeutung. Eine Umsetzung dieser Erkenntnisse in unser soziales Behaviour müßte viele zwischenmenschliche Spielregeln revolutionieren. Um nur ein Beispiel anzutippen, das Platzrüdensymbol: In den Chefetagen eines Konzern würden sich Intrigen erübrigen, es gäbe keinen Kampf um Hack- oder Sitzordnungen mehr, wenn es etwa einem kleinen Prokuristen gelänge, das im Bild gezeigte Platzrüdensymbol (links oben) graphisch in ein Krawattenmuster umzusetzen, um eines Tages damit wortlos in der Bürotür zu stehen.

Obsessio Germaniae in Augenzeugenberichten

„Die schönsten Erlebnisse mit dem Wolpertinger“ wurden im Rahmen eines bundesweiten Preisausschreibens ermittelt. Ziel dieser Aktion war es, die Obsessio auch außerbayerischer Gebiete durch den Wolpertinger nachzuweisen. Die Schilderungen haben, bei allen Unterschieden in der landsmannschaftlichen Mentalität, eines gemeinsam: Die Personen befinden sich in extremen Spannungszuständen (Abitur, Pilzesuchen, Drachenflieger in einem Lärchenwipfel) und treten dadurch in halluziantorische Grenzräume ein. Häufig kommt es auch zu einer visuellen Fixation der Augenachsen (Starren auf einen Lottoschein, der Leerraum einer fehlenden Harfensaite bei einer Matinee ect.), die die Person gleichfalls entrückt. In diesem Zustand der Entrückung, die andere Kulturkreise erst durch Tänze (Derwischtum) oder Pilzgifte (Mexiko) herbeiführen müssen, begegnen sich die Erwartungshaltung des Partners und die des Wolpertingers — und werden eins.

Mein schönstes Erlebnis mit dem Woipadinja

Ich war Leibdiener und Koch des Herzogs Ludwig Wilhelm in Bayern im Ersten Weltkrieg und darum ist diese Geschichte auch wahr. Wir lagen vor Compiegne und der Herr hatte ja gesagt, daß wir einen Woipadinja als Maskottchen dabei haben. Einmal hat er Offiziersfreunde zum Rebhuhnessen in den Unterstand eingeladen und ich besorgte zehn Rebhühner, weil ich nicht richtig hingehört hatte, es waren nämlich zwanzig Gäste. Sie können sich meinen Schrecken vorstellen, weil es gleich Abend war. Während ich so ratlos aus dem Küchenbunkerschlitz schaute, hörte ich es im Unterholz fortwährend rascheln und rutscheln, aber so leise, daß es keine Franzosen waren. Als ich dann doch hinausging, können Sie sich meine freudige Überraschung nicht vorstellen, weil noch einmal zehn Rebhühner auf der Munitionskiste lagen, schon gerupft.
Ich glaub immer noch, daß mir der Woipadinja geholfen hat, indem er diese zehn Rebhühner jagte und zum Bunker apportierte und ich lasse mich davon nicht abbringen, weil er ein Maskottchen ist. Auch wenn mir mein guter Frontkamerad, der Jäger Birk, nach der Rückkehr in die Heimat sagte, daß er die jungen Kolkraben im letzten Büchsenlicht geschossen hat.

Josef W. Rozalist
Wildbad Kreuth

Mein schönstes Erlebnis mit dem Wolpertinger

Bei einer Bewerbung für ein Kosmetikstudio in Eckernförde passierte mir folgendes: Ich sehe manchmal aus wie meine eigene Großmutter (das kommt von der Bindegewebeschwäche im Gesicht) und habe furchtbare Angst vor Einstellungsgesprächen.

Als es soweit war und ich in das Direktionszimmer trat, sprang mich irgendetwas von hinten auf die Schultern. Ich spürte ein unheimliches Kribbeln im Gesicht, weil mir diese Erscheinung meine Wangen schräg rückwärts nach oben über den Kopf zog und straffte. Mein Gesicht wurde auf diese Weise während des gesamten Einstellungsgespräches geliftet und so erhielt ich auch den Job. ~~Das~~ Das Kribbeln verlor sich in der Straßenbahn und der Personalchef war ziemlich erstaunt, als ich am nächsten Morgen meinen Dienst antrat, aber Vertrag ist Vertrag.

Mein Bekannter meint, dies könnte ein Wolpertinger gewesen ~~der~~ manchmal erwiesenermaßen einen Samariterfimmel habe. Was mich aber noch mehr wundert, ist, daß sie jetzt schon in Ostfriesland auftreten.

Heike Dallermann Eckernförde

Mein schönstes Erlebnis mit dem Wolpertinger

Obwohl Angehörige der Berliner Philharmonie auf Lebenszeit, hat mich die Natur für die kleinen, praktische Dinge des Alltags wenig disponiert. So komme ich immer wieder mit vergessenen Saiten in das Konzert. Geradezu peinlich war es bei unserer letzten Herbst-Matinee, weil mir die A-, die G- und E-Saite fehlten. Nur Minuten vor meinem Solo, das Lohengrinfahrzeug wurde bereits über die Bühne gewunden, kam mir der Ernst der Situation erst so richtig zu Bewußtsein. Aber Sie werden es nicht glauben, da springt ein Wolpertinger -- so wie er mir von meinen Urlauben in Bayern und Tirol her vertraut ist -- aus dem Schutz ~~einer~~ des Schwanengefieders und stürzt sich in die Orchestergrube vor mein Instrument. Es fährt sich nachdenklich (meiner Erinnerung nach sogar mit geschlossenen Augen, als würde er in sich hinein horchen) durch die seitlichen Barthaare, beißt drei davon ab und reicht sie mir. Sekunden vor meinem Auftritt habe ich sie gespannt und die Kritik schrieb: "War das ein Singen und Klingen, ein sphärisches Tremolo bis in die letzten Vibrationen hin, als hallte der Atem der Wälder durch den Raum. Solis dieser Art müßte man des öfteren geboten bekommen..."

Carla-Nora-Wissmann
Berlin Tempelhof
Harfenistin

Mein schönstes Erlebnis mit dem Wolpertinger

Wir hatten uns mit unserem fünf Monate alten Söhnchen beim Pilzesuchen im Gramschatzer Wald verlaufen und mußten die Nacht im Freien verbringen. Alete, Fläschchen und Schnuller im Auto unten auf dem Parkplatz, es war eine Katastrophe. Stillen kann ich ja nicht mehr.

Aber da stand auf einmal so eine Art Geiß mit einem Hasenschwänzchen vor uns auf der Lichtung und schaute uns stundenlang mit schrägem Kopf an, der übrigens Federschmuck trug. Mein Mann sagte: „Dann laß den Struwli halt trinken, das ist besser als garnichts.“ Es hat unserem Kleinen auch geschmeckt, die Geiß lief mit ganz kleinen Euter in den Wald zurück, nur habe ich neuerdings, weil ich jetzt den Film "Rosmaries Baby" gesehen habe, manchmal das Gefühl, daß mich das Kind so komisch anschaut.

Änne Crailsheimer
Mutter
Frankfurt/M.

Mein schönstes Erlebnis mit dem Wolpertinger

In einer Stunde höchster Verzweiflung, Mathematik-Abitur im Ignaz Günther-Gymnasium in Rosenheim im Juli 81 widerfuhr mir folgendes: Ich kam mit einer Gleichung nicht weiter und wollte schon aufgeben, als ich auf dem Blatt etwas Gnomartiges mit Haaren bemerkte, nicht ganz so groß wie ein Fingerhut und mit dürren Beinen. Der Fingerhut sprang -- und obwohl Mathematik-Abitur war, mußte ich ganz spontan an das Märchen vom Rumpelstilzchen denken, auf der 74 über dem Bruch herum.
Ich kapierte natürlich nicht und da wurde der Kleine zornig und lief am Kopf karmesinartig an, wie Sie dies vielleicht aus der Passauer Nibelungenhalle vom Aschermittwoch her kennen. Er bückte sich, biß in das Papier und riß mit seinen Zähnchen an der 74 herum, bis mir klar wurde, daß ich vergessen hatte, die Wurzel zu ziehen. Es kann nur der Wolpertinger gewesen sein und somit war dies auch meine schönste Begegnung.

Reinhold H., Abiturient
c/o Arbeitsamt Rosenheim

Mein schönstes Erlebnis war, wie ich einen Wolpertinger (anbei Skizze aus meinem Tagebu in drei Sekunden mit 40 Buchstaben, acht? einem Koma, und einem Fragezeichen tötli verstand. Ich fragte ihn nur: „Stimmt Mutter sich mit jedem einläßt?“

Mit Vorliebe tritt der Antigravitationswolpertinger bei Kraftsportveranstaltungen auf, um Außenseitern zum Sieg zu verhelfen. Experten sehen darin ein traumatisches Heinzelmännchen-Syndrom (THS).

Die Besitzergreifung Bayerns im Licht der Kirlian-Aurafotografie

Die sowjetische Parapsychologie-Forschung hat dem Wolpertingerfreund mit der Entwicklung der Hochfrequenz-Fotografie eine unschätzbare Technologie zum nachträglichen Nachweis des Wolpertingers geschenkt. Die nach Semjon D. Kirlian und Walentina K. Kirlian benannte Aurafotografie mit Hilfe von Hochfrequenzströmen basiert „auf der Umwandlung von nichtelektrischen Eigenschaften des fotografierten Objektes in elektrische durch die Bewegung in einem Feld, in dem die kontrollierte Übertragung elektrischer Ladung von einem Objekt auf einen fotografischen Film oder Leuchtschirm stattfindet“ (Vergleiche „Lichtbilder der Seele — Psi sichtbar gemacht“, herausgegeben von Stanley Krippner und Daniel Rubin, Scherz-Verlag 1975).

Werden auf diese Weise Blätter, Daumenkuppen oder die Bauchseite einer Rennechse fotografiert, dann enthüllen Kirlian-Aufnahmen in faszinierenden Farbspielen die Aura oder bioplasmatische Ausstrahlung des Objektes: Corona-artige, in den Raum hinauswabernde Flammenkränze und Lichtfontänen von fast außerirdischer Schönheit. Für die Wolpertinger-Forschung ist dabei der sogenannte Phantom-Blatt-Effekt von besonderer Bedeutung. Er läßt, laut Krippner und Rubin, das Leuchtmuster eines abgeschnittenen und somit fehlenden Blattsegmentes auch noch auf den folgenden Bildern sichtbar werden.

Legt man nun an beliebige Fotografien aus dem Freistaat Bayern Hochfrequenzfelder an und fotografiert diese Bilder nach der Kirlian-Technik nochmals, dann schlägt auch beim Wolpertinger dieser Phantom-Effekt durch: Er erscheint nachträglich auf den Fotografien, meist in einer Zitronenlichtwolke.

Die Erkenntnis aus ersten Versuchsreihen hatte alle Beteiligten verblüfft, einige sogar erschreckt: Der Wolpertinger ist, durch alle Jahreszeiten und Gesellschaftsschichten, omnipräsent. Er findet sich auf fast verblichenen Bildern von Waldfesten und Kabinettssitzungen, bei Prozessionen, im Foyer des Festspielhauses von Bayreuth, wo er auf der Krawattennadel des Premierengastes Everding einen Handstand machte, wie auf der Nürnberger Spielwarenmesse, wo er zwischen Plüschtieren eingeschlafen war; im Licht der Kirlian-Aurafotografie sah man ihn nachträglich sogar auf dem Rouletteteller der Spielbank von Bad Wiessee beim Karusellfahren, was Besuchern und der Casinoleitung später den Vorwurf einbrachte, sie hätten die Tische manipuliert. Bayern hat also, das darf man nach den ersten Kirlian-Tests sagen, schon immer mit dem Wolpertinger gelebt, ohne sich dessen bewußt zu sein.

Einer kleinen und willkürlichen Auswahl aus reproduzierten Kirlian-Aufnahmen zufolge, tritt der Wolpertinger im Verborgenen gerne als Antigravitationswolpertinger (AGW) auf, also gegen die Schwerkraft gerichtet, was unter anderem den unverhältnismäßig hohen Anteil schwebender Verfahren vor bayerischen Gerichten erklärt. Er hält seine Hand unter Gerechte und Ungerechte, verhindert den Fall von Ministerialen nach Grundstücksvergaben und ermöglicht das Verharren von Hinterbänklern in Bonn; ein Schnappschuß aus einem Touristenalbum zeigt ihn sogar beim Abstützen des Schiefen Turmes von Pisa. Bei Gewittern hält er auch häufig den Münchner Olympiaturm in der Senkrechten. Und so manche erstaunliche Kletterleistung in der Geschichte des bayerischen Fensterlns (mit einem Blumenstrauß in der Linken oder zwischen den Zähnen wurden schon Erkerüberhänge genommen, was dem alpinen

Schwierigkeitsgrad 6 entspräche) läßt sich unschwer mit der Allgegenwart des AGW erklären.

Die Physik des ausgehenden Zwanzigsten Jahrhunderts braucht sich durch das Bekanntwerden des Antigravitationswolpertingers nicht herausgefordert oder verunsichert zu fühlen. Im Gegenteil, erst dieses Phänomen macht deutlich, warum sich Satelliten im Orbit oder Äpfel — gegen das Newton'sche Gesetz — bis zu den ersten Nachtfrösten an den Bäumen halten können, und fügt sich somit widerspruchslos in das Weltbild der modernen Naturwissenschaften.

Sehr heimisch scheint sich der Wolpertinger auf Bildern zu fühlen, die ihn bei Gebirgsschützentreffen zeigen, Bilder, die eine Symbiose zwischen Wolperismus und Landwehr ahnen lassen. Die von der Kirlian-Aurafotografie aufgedeckten Wolpertinger-Präsenzen bei Kompanietreffen oder Jahrtagen könnten jetzt auch dem Historiker helfen, einige

Die Beziehungen zwischen dem Wolpertinger und den bayerischen Gebirgsschützen wären vermutlich etwas getrübt, wenn seine wahre Rolle nach der zweiten Schlacht von Höchstädt bekannt würde.

Roulettewolpertinger (RW) während einer Pause bei den Verhandlungen um die Spielbankenkonzession von Lindau bei einem Spaziergang am Bodensee. RWs sind nicht aus Spielleidenschaft an Casinos interessiert, sondern aus Spaß am Karussellfahren auf Roulettetellern. Man beachte, daß sich der abgebildete RW als Energiesparer im Windschatten von Urlaubern bewegt.

Wer das Bröserl nicht ehrt, ist die Prise nicht wert: Durch sein umsichtiges Verhalten bei Schnupferwettbewerben hat der Besenwolpertinger (BW) — auch wenn er nur seinen Putzfimmel abreagiert — dem Land Bayern im Laufe der Zeit die Einfuhr von vielen hundert Tonnen Schmai aus Brasilien und anderen Drittländern erspart. Er trug damit wesentlich zur Entlastung der nationalen Devisenbilanz bei und ermöglichte letztlich: Den Bau des Schlosses Neuschwanstein, den Unterhalt der Bayerischen Vertretung in Bonn und das Fluten des Rhein-Main-Donau-Kanals.

mysteriöse Zwischenfälle aus dem Österreichischen Erbfolgekrieg zu deuten: So muß der Wolpertinger, obwohl von Natur aus unsterblich, es vorgezogen haben, auf dem Schlachtfeld einen irgendwie geartetes Ende zu finden, statt „kaiserlich zu verderben".

Er muß es gewesen sein, der als nichtwaffentragender Franktireur vor der zweiten Schlacht von Höchstädt durch die feindlichen Linien schlich, als Kugelblitz unter das Feldbett des Herzogs von Marlborough fuhr und den Briten in das Zeltdachgestänge schleuderte, wo er am Morgen von Adjutanten in lädiertem Zustand abgenommen wurde. Ohne diese Indisposition des britischen Heerführers wäre die Niederlage der Bayern und Franzosen zweifellos noch vernichtender ausgefallen.

Auch eine Reihe von Vorfällen im kaiserlichen Lager läßt sich heute auf taktische Interventionen des Wolpertingers zurückführen. So waren die Reitstiefel des Prinzen Eugen in der Nacht zum Schlachttag mit Katzendärmen zugenäht worden. Der Degen des Savoyers war gestohlen, dafür steckte eine Schwertlilie in der Scheide.

Nach der Statistik hat jede dritte bundesdeutsche Braut zwei Gesichter, wie beispielsweise diese gelungene Kirlian-Aurafotografie von der Landshuter Fürstenhochzeit bestätigt.

Der Bernhardinerwolpertinger (BDW), der immer wieder bei Fingerhakler-Wettbewerben eingreifen muß, geht auf eine Mustelidae-Seitenlinie zurück, die im Spätmittelalter die Alpen überschreiten wollte, um die Lombardei zu zivilisieren. Die Pioniere waren in der Nähe des St. Gotthard-Hospizes über mehrere Winter hinweg eingeschneit und nahmen — dank ihrer exzellenten Beobachtungsgabe — Eigenarten der dortigen Mönchshunde an. Eine Tradition, die sie nach erfolgreicher Rückkehr in die Heimat bis heute mit Hingabe pflegen.

Die Biervorräte der Kaiserlichen waren durch Mäusedreck zur Nachgärung angeregt worden, was Teile der Mannschaft, vor allem die weingewohnten Kroaten und Panduren, mit Diarrhö, ja offenem Aufruhr beantworteten.

Schließlich waren in der Apotheke des Feldschers die Steinölsalben durch Brennesselwachs ausgetauscht worden, was noch Tage nach dem Waffengang zu erheblichen Ausfällen im kaiserlichen Heer führte.

Zu allem Überfluß erklärten sämtliche Regensburgerinnen nach der Einnahme ihrer Stadt unisono, es täte ihnen leid, aber sie seien nun einmal lesbisch.

Es ist aber auch denkbar, so die Gegenthese, daß der Wolpertinger mit Prinz Eugen in Wirklichkeit zusammenspielte, um während der österreichischen Besatzungszeit (er wußte ja, daß die Kaiserlichen eines Tages wieder abziehen müßten), selbst die Obsessio Bavariae vorzubereiten. Dann wären die Gebirgsschützen sehr enttäuscht.

WOLPERTINGER-REGISTER

Abkürzung	Erklärung	Seite
AGW	Antigravitationswolpertinger	26 ff
BDW	Bernhardinerwolpertinger	29
BW	Besenwolpertinger	28
BWA	Bayerische Wildererakademie (Tarnbezeichnung für Wolpertinger-Akademie)	8, 9 ff
Crisensus bavaricus	Lateinische Abwandlung des Wortes Kreißl	10
EW	Entsorgungswolpertinger	48
FAW	Freizeitanimateurwolpertinger	48
GAGU	Größter Anzunehmender Genetischer Unfall	50 ff
HuOW	Hundsohrenwolpertinger	32
IWC	Internationales Wolympisches Comitee	60
KKSW	Kartoffelkäferschutzwolpertinger	48
	Königs-Kreißl	19
KSW	Kabelschlepperwolpertinger	48
	Kulturpertinger	4, 5
LGW	Luftgängiger Wolpertinger (Fliegender Mönchswürger)	45 ff
LLW	Linksläufiger Wolpertinger	13
LSchGW	Liftschachtgängiger Wolpertinger	50
LTW	Laktosetoleranzwolpertinger	54
	Miederwolpertinger	6
	Mönchs-Wolpertinger	18
Mustelidae	Marderartige	12, 31
NWC	Nationales Wolympisches Comitee	60
PPS	Possessio physiognomiae-Syndrom, eine Art Gesichtsstarre	15
RLW	Rechtsläufiger Wolpertinger	13
RW	Roulettewolpertinger	28
TKS	Transkontinentalseepertinger	41
UW	Urbanwolpertinger	40
	Vampir-Kreißl	18
WB	Wolpertinger-Bollen	21 ff
WC	Wolympisches Comitee	60
WED	Wolpertingerentsamungs-Dummy	13
WF	Wolpertingerfreund	48
WGW	Wassergängiger Wolpertinger (Seepertinger)	40 ff
WGW	Weltraumgängiger Wolpertinger	56
WHO	Wolpertinger-Holding	4, 7
WOFAZU	Wolpertingerfangzuchtmaschine	10
WPB	Wolpertingerpropfbastard	48

Wolpertinger, nach Eiablage durchstartend.

Mit kleinen Sachen Wolpeltingeln Fleude machen

(Mao)

Die Volksrepublik China hat, aufgrund ihrer Drachenkult-Tradition dazu prädestiniert, den aufkommenden Wolpertinger-Boom des Abendlandes besonders aufmerksam beobachtet und für die Neunziger Jahre eine Exportkampagne ohne Beispiel vorbereitet. Glücklicherweise fand sich in einer Sendung für das Miesbacher ,,Teehaus am Markt No. 13" ein verirrter Geheimkatalog der Kanton-Messeleitung, dem die europäische Industrie wichtige Hinweise entnehmen kann: Sehr stark sind die Chinesen (nach der Besetzung Tibets) im Bau von windbetriebenen Wolpertinger-Lobmühlen zur Besänftigung von Mustelidae. Sie werden mit Spruchbändern wie ,,Ohne Wolpertinger mag ich nicht mehr leben" oder ,,Mein Wolpi ist der Größte" bestückt. Als gelungen darf man auch die Wolpertinger-Trinkschale mit eingebautem Alpenwasserfall und die Himalaja-Gummiratte zum Trainieren von Heimtieren bezeichnen. Einem tragischen Irrtum erlag die chinesische Werkspionage, als sie das Wort ,,Laufrad" falsch übersetzte: Statt europäischen Heimwolpertingern mit einer auf Fensterbänken oder Kaminsimsen aufzustellenden Fitneß-Tretmühle eine Freude zu machen, ließ sie einen Vorläufer des Velozipeds entwickeln (rechts oben).

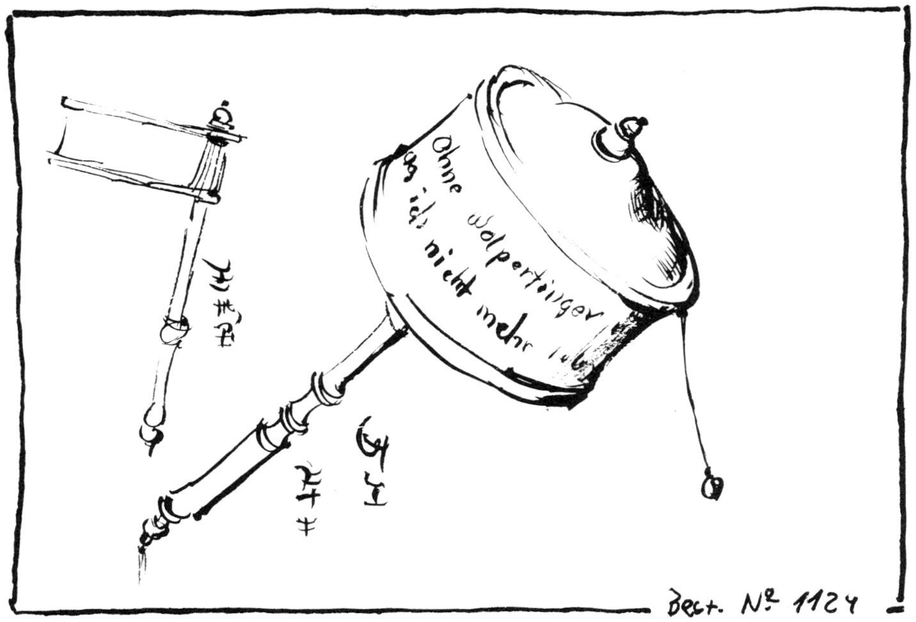

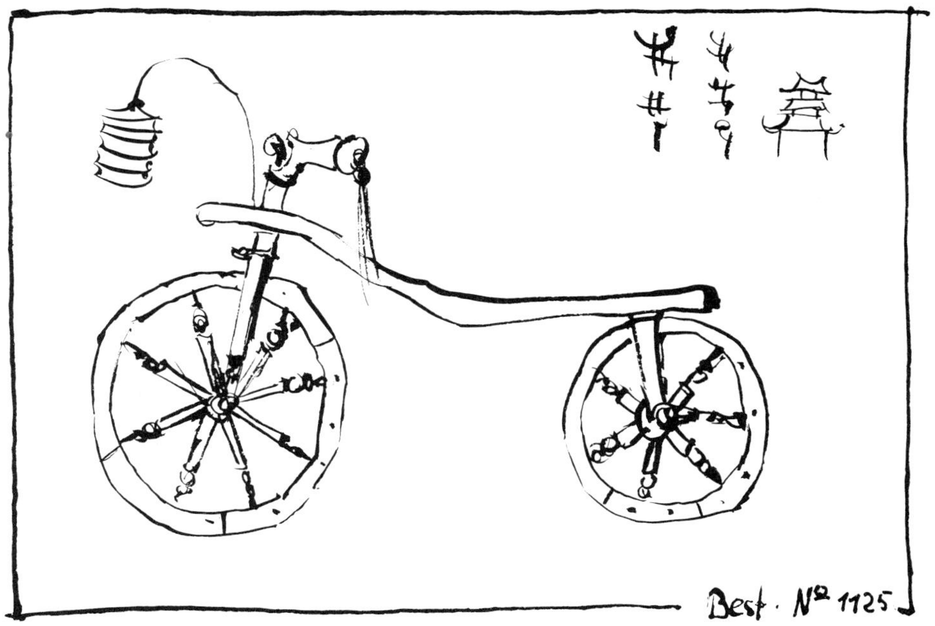

Züchterfleiß, Züchterpreis

Bessere Wolpertinger durch unbeirrtes Mendeln

Auch konventionelle Wolpertinger-Vererbungsforscher (WVFs) haben sich den Mendel'schen Gesetzen, obwohl diese nur aus roten und weißen Erbsenblüten und dem Habichtkraut abgeleitet wurden, zu beugen, was die Züchterarbeit der Akademie ungemein erschwerte. Als Fazit muß die BWA bedauerlicherweise die Grunderkenntnis des Augustinerpaters Gregor Johann Mendel (1822-1884) bestätigen, wonach die Merkmale selbst eines transparenten Lebewesens rein und unabhängig voneinander vererbt werden, das heißt: Die väterlichen und mütterlichen Anlagen kommen zwar im befruchteten Ei zusammen, aber sie vermischen sich nicht.

Auf der Suche nach neuen, flexibleren und noch freundlicheren Wolpertinger-Hybriden (WHs) erwies sich vor allem die fakultative Dominanz (von Erbmerkmalen) als besonderes Hindernis: Sie tritt nur in bestimmten Gen-Kombinationen auf oder ist an die Gene als Träger der Erbinformation gekoppelt. So scheiterte das Bemühen, der Menschheit einen Regenbogenwolpertinger (RBW) zu schenken, an dem von der Hauskatze her sattsam bekannten D-Faktor: Bei der Hauskatze sind die Erbanlagen für Ein- beziehungsweise Mehrfarbigkeit so an das Gen für die Geschlechtszugehörigkeit gebunden, daß Kater unmöglich drei- oder mehrfarbig sein können.

Erschwerend kam hinzu, daß wegen höherer Wahrscheinlichkeitsquoten beim konventionellen Kreuzen die Ranzzeiten zu verkürzen waren: Den Zuchtwolpertingern (ZW) mußte ein schnellerer Ablauf der Jahreszeiten suggeriert werden. In abgeschirmten Biotop-Wohnkammern geschah dies durch das Einschalten kleiner Schneekanonen („Öha, hamma scho wieda Winter?"), periodisches Auslegen von Kunstteppichen mit Märzenbecher-Attrappen (Frühling), Waldfestmusik (Sommer) und Endlostonbänder mit dem Geräusch fallender Äpfel (Herbst).

Konventionelles Mendeln, so wie die Mitglieder der BWA-Teams es Tag und Nacht betrieben, setzt zudem ein ungewöhnliches persönliches Engagement voraus. Gerade bei Versuchen, artenverwandtes Erbmaterial einzukreuzen, zeigte sich der Wolpertinger gegenüber Dachsweibchen, Marderfähen oder Iltissinnen gleichgültig bis zurückhaltend. In nächtelangen Séancen wurden die Rüden vom Betreuungspersonal überredet, gelockt, animiert, gelobt oder schon auch mal zum Sprung geschubst. Die Verabreichung von Aphrodisiaka, etwa Pflanzenmarkklößchen aus dem Stengel des Knabenkrautes, war nach den Statuten der BWA von Anfang an verboten.

Trotz dieser enormen Schwierigkeiten (verglichen beispielsweise mit dem computergesteuerten Aufbau streßfreier Sauenlinien) kann die Akademie aufgrund ihrer unbeirrten Mendelpolitik im konventionell-züchterischen Bereich einige Erfolge vorweisen:

Ein Nachruf in eigener Sache

Auf der Suche nach dem Ei der Erkenntnis, nach dem Wolpertinger in nucleo aller Dinge, haben Michael Heim, der Autor, und Hans Reiser, der Maler, einen hohen Preis bezahlt: Die Possessio mentalis, ein Stadium, in dem nicht einmal mehr Exorzisten eine Gebetszeile über die Lippen kommt, weil es sinnlos ist.

Bei ihren Selbstversenkungen in den Fluren und Hainen Bayerns, in Blütenkelchen und Schneckenhäusern, in Meditationsabenden ohne Zahl, nach Grünen Messen im Huflattichblätterdachdom trat zunächst die Possessio physiognomiae mit den bekannten Symptomen auf. Dabei empfand Hans Reiser den Übergang zum Fledermausohr zunächst einmal gar nicht als unangenehm, weil er diese Ohren bei Ausübung seines Lieblingssportes — I'ld better be surfing" — als Hilfssegel einzusetzen gedachte. Auch Michael Heim war von der Aussicht, als Journalist seine Ohren nicht mehr anlegen können zu müssen, angetan.

Die Ernüchterung war furchtbar: In einer gnadenlosen Metamorphose, die in der Insektenwelt über die letzte Häutung bis zum Vollkerf (Imago) führt, verfielen sie dem Wolpertinger. Hans Reiser hat nicht nur seine Individualität aufgegeben, er ist auch als Maler zeitlebens behindert: Nie wieder wird er, mit dem Rücken zur Sonne, die Nordansicht einer Landschaft porträtieren können, weil die Zusatzohren fortwährend Schatten auf die Staffelei werden und die Lichtwerte verfälschen. Und Michael Heim zählt im Feuer eines in seinem Innersten vom W. geschürten Größenwahns längst nicht mehr die Jahresringe der Splitter in den Augen seiner Mitmenschen, er sieht in sphärischem Leuchten nur noch die Flammenräder des Sonnenwagens, der ihn durch die Lüfte tragen wird.

Die Menschheit darf die beiden wohl abschreiben. Gleichwohl, für dieses Buch mußte dieses Opfer gebracht werden. Damit Bayern und die Welt mit dem Wolpertinger leben können.

Das Lektorat

Der Maler Hans Reiser in einer besonders aparten Übergangsphase seiner Metamorphose: Die Maikäferfühler haben sich egalisiert und enthornen sich, die Transformation zum Hundsohrenwolpertinger (HuOW(beginnt.

Ein Computer-Tomografen-Blick durch den Wolpertinger

Bis zur Erfindung der Computer-Tomografie, die unter minimalster Belastung durch Röntgenstrahlen das scheibchenweise, von Außen nach Ihnen voranschreitende Abtasten eines Organismus erlaubt, war der Wolpertinger für den Anatomen, aber auch für den Züchter ein unbekanntes Wesen. Erst im Licht dieser neuen Diagnose-Technik zeigt sich, daß das Einzelhaar des Wolpertingers wie eine griechische Säule kanelliert (I) ist, um das Luftvolumen und damit das Wärme-Isolationspotential innerhalb des Wolpertinger-Haarkleides zu erhöhen. Auch die Kunst des Wolpertingers, Stachelhaare gegen den Feind abzuschießen (II a und II b), ist nun kein Geheimnis mehr (siehe Detail-Tafel rechts oben): Sobald er erschrickt, spannt sich die Kopfhaut und katapultiert den Haarpfeil aus der Haarzwiebel — ein an und für sich einfaches Prinzip, das die Sowjets beim Bau ihrer SS-20-Abschußsilos in schamloser Weise kopiert haben. Liebenswert auch die durch die Computer-Tomografie sichtbar gemachten Hauptparasiten des Wolpertingers:

a) Die Ohrmuschel
b) Die Pilzlaus
c) Der Nasenbohrer

Auf den folgenden Bildtafeln wird der Wolpertinger vom Computer-Tomografen stufenweise abgetastet: Zunächst das Federhaarkleid, dann die Muskulatur, das Skelett, das faszinierende Konstruktionsparallelen zum Bierkrug aufweist, und schließlich die inneren Organe.

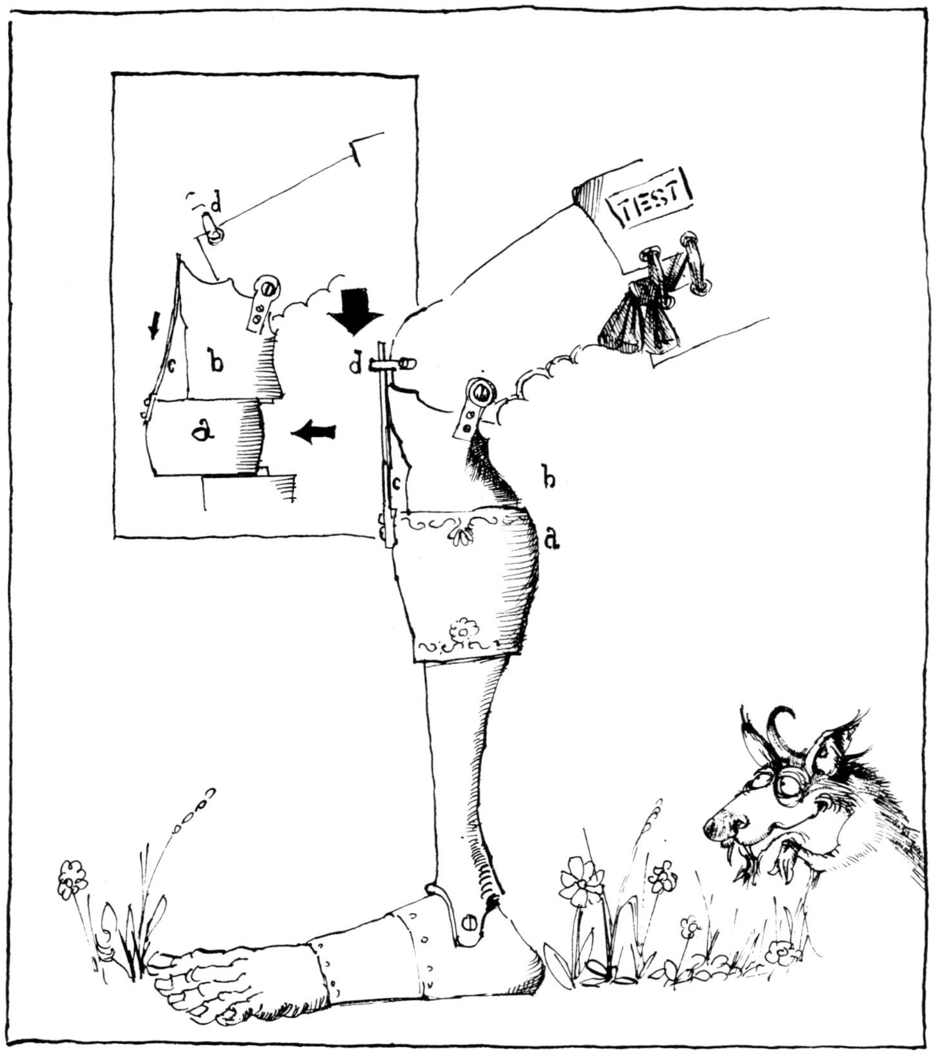

Um Wolpertingern das lästige Wadlbeißen abzugewöhnen, das letztlich keiner Seite etwas bringt, hat die BWA eine absolut schmerzunempfindliche Knieschnacklattrappe in den Handel gebracht. Sie arbeitet nach dem Prinzip des Elektroschocks und kann den Wolpertinger mit kleinen Fallgewichten von ein oder zwei Pfund abmahnen, sie vermag dem Wolpertinger aber auch, wenn er keine Einsicht zeigt, mit Fallgewichten bis zu zehn Kilogramm an der Grenze des Genickbruchs, zu signalisieren: Wir Menschen mögen das nicht!

De
HAAR-
I
IIa)
IIb)
KOPFHAUT
a
b
c

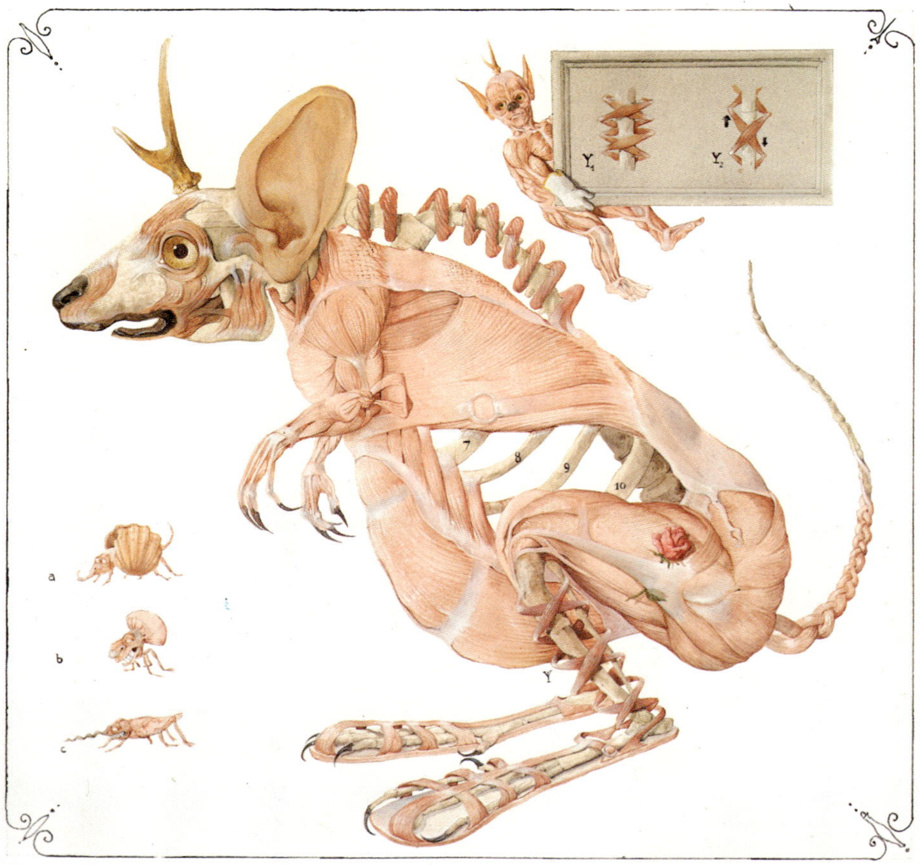

Vom Computertomografen entblättert bis zu den inneren Organen:

a) *Zunge mit Polizeipfeife zur Irreführung verfolgender Ordnungskräfte*
b) *Lustzentrum*
c) *Sprachzentrum (mit griechischen, hebräischen und arabischen Schriftzeichen in den verschiedenen Schubladen)*
d) *Herz (2-Ventiler); 4-Ventiler in Vorbereitung*
e) *Herzklappe*
f) *Familienzentrum*
g) *Notaggregat (nur im Uhrzeigersinn anwerfen!)*
h) *Dünndarm*
i) *Leber mit Promilleprüfer*
j) *Niere*
k) *Dickdarm mit*
l) *Wurmfortsatz und Sollbruchstelle (Pfeil)*
m) *Metabolismenturbine zur Recyclisierung von Darmwindenergie*
n) *Magen*
o) *Kehlkopf mit Vogelstimmenimitationsgerät/Schwarzwälder Fabrikation)*
p) *Lunge*

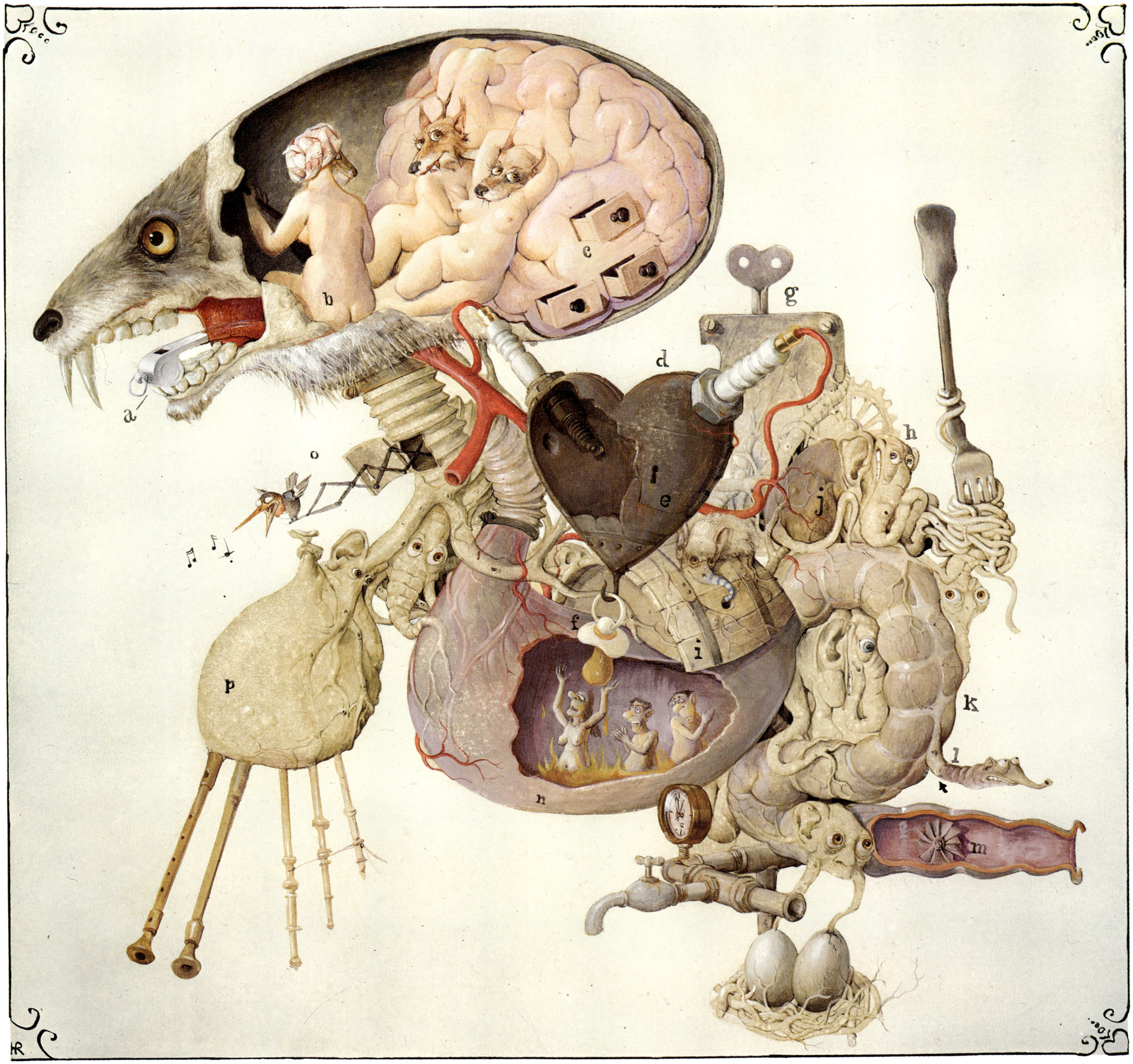
a
b
c
d
e
f
g
h
i
j
k
l
m
n
o
p

MX
HR

... auch die (Schwanenhals)-Erosfalle, die mit Sexuallockstoffen arbeitet, läßt einige Wünsche offen. Es sind Fälle bekannt, in denen Wolpertinger-Rüden wegen anhaltender Westwinde am Zielpunkt vorbeischossen, bis Moskau liefen und sogar Yak-Kalbinnen in der Äußeren Mongolei belästigten.

Weil Wolpertinger, von ihrer Seele her, grundsätzlich monogam sind, muß der W-Züchter durch ein breitgefächertes Partnerangebot Inzucht-Trends vorbeugen, das bedeutet: Er muß auch Wolpertingerfänger sein, um Leben in den Bau zu bringen.
Generell hat sich das (links abgebildete) Echolot-Ortungsgerät bewährt. Es registriert die feinsten seismischen Schwingungen, die Wolpertinger beim Graben ihrer Wohntunnels auslösen, ist aber freilich gegen punktuelle Empfangsstörungen nicht gefeit ...

Mit Wolpertingern auch in den Städten leben

(Rommel)

Wer einmal Wolpertinger beobachtet hat, die bei Schwelbränden Mülldeponien umkreisen, immer zutraulicher werden und nicht einmal mehr vor Ratzen erschrecken, muß zugeben, daß sie sich in einem rauschartigen Zustand befinden — sie werden zu Schnüfflern. Schuld sind offenbar aromatische Kohlenwasserstoffe, die beim Verbrennen von Autoreifen oder Plastikmaterial freigesetzt werden und denen die Wolpertinger verfallen.

Dieser Umstand könnte zur Ehrenrettung des Stadtmarders genutzt werden, dem der ADAC nachsagt, er würde in parkenden Autos Bremsschläuche und Kabelummantelungen annagen, obwohl es sich dabei erwiesenermaßen um Urbanwolpertinger (UWs) handelt. Da Städter und Urbanwolpertinger nun einmal zusammenleben müssen, empfiehlt sich die Aufstellung von kleinen Gummifutterkrippen an Gehsteigen oder unter Laternengaragen. Die in einem ausgedienten Fleischwolf gehäckselten Altreifen fallen in den Barren, wo ein Gebläse für die Verbreitung der beim Häckseln freigesetzten Duftstoffe sorgt. Diese einfache Vorrichtung, die auch unter dem Aspekt der städtischen Müllentsorgung gesehen werden muß, befreit den Urbanwolpertinger von dem entwürdigenden Zwang, unter Motorhauben herumturnen zu müssen, und stimmt ihn positiver.

Beispiel I

Der Wassergängige Wolpertinger (WGW) oder Seepertinger:

Über den Fluß, und zum Laichen in die Wälder …

Der Wassergängige Wolpertinger (WGW) entsprang der Lieblingsvision des Sektionspräsidenten für den Schußbereich Tegernsee der Bayerischen Wildererakademie, Georg Gallinger. Seit seiner Schulzeit hatte er das Bild Baierns vor Augen, wie es der Freisinger Bischof Arbeo im achten Jahrhundert besungen hatte: „Baiern ist ein vortreffliches Land, ist reich an Wäldern, bringt Wein hervor, hat Eisen, Gold, Silber und Purpur im Überfluß. Der Boden ist fruchtbar, wimmelt von Zugtieren und anderem Vieh; die Erdoberfläche erscheint mit Bienen und Honig überfüllt. Hier gibt es fischreiche Flüsse und Seen, silberklare Quellen …“

Als dem Knaben Gallinger beim Forellengreifen in den Bächen des Voralpenlandes bewußt wurde, daß die Salmoniden die Gewässer Bayerns zu meiden begannen, als der Jüngling Gallinger erkannte, daß die Purpurversorgung Bayerns von der Badischen Anilin- und Sodafabrik übernommen worden war und als schließlich dem Greis Gallinger die Erfahrung nicht erspart blieb, daß aufgrund der Stahlquotenkontingentierung durch die Europäische Gemeinschaft auch bayerisches Eisen nicht mehr gefragt war, wuchs in ihm der Wunsch heran, seiner bayerischen Heimat wenigstens durch die Entwicklung eines Wassergängigen Wolpertingers (WGW) ein wenig von ihrem Artenreichtum zurückzugeben.

„Über den Fluß und in die Wälder sollen sie ziehen“, betonte Gallinger frei nach Hemingway in seinem Antrag auf Freigabe des Projektes „Seepertinger“ an den Forschungsbeirat der Akademie. „Über den Fluß und in die Wälder, um an den Urquellen Bayerns ihren Laich abzulegen. Wo kein Wasseramselschlag mehr zu hören ist, wo Libelle nicht schwirrt und kein Pfauenauge dem Wandersmann blinzelt, wird die Luft wieder erfüllt sein von den Ranzgesängen der Seepertinger. Sirenengleich, verheißen sie neues Leben in knisternden Forsten …“

Das Züchtungsprojekt „Seepertinger“ wird in Zusammenarbeit mit dem König-Baudouin-Institut für Strömungsforschung in Lüttich verwirklicht. Die Konzepteure gehen von der Grundüberlegung aus, daß der Seepertinger als Kopfbrüter (Crisensus capite brutensis) entwickelt werden muß, weil nur diese Konstruktionsform ihn vom Gründeln und damit von der Zerstörung der restlichen Fischlaichbestände in den bayerischen Flüssen und Seen abhalten kann; außerdem erübrigt sich bei Kopfbrütung der äußerst komplizierte Verschlußmechanismus für das fleischige Außenrohr (vergleiche Abbildung). Die dadurch erzwungene vegetarische Lebensweise — welcher Seepertinger würde schon wegen Saiblingrogen seine Brut ertränken? —, also die Ausrichtung auf Schilfhalme, Binsen und herabhängende Weidenzweige bedingt wiederum eine züchterische Verlängerung des Darmtraktes zum Aufschließen der Zellulosenahrung. An der Peripherie ergibt sich noch das Problem, die Nackenmuskulatur des künftigen Kopfbrüters zu verstärken — eine Herausforderung, die durch das Einmendeln von fischbeinartigen Einlagerungen in das Gewebe gelöst wurde.

Das WGW-Züchterteam entscheidet sich für Fortbewegung durch Luftschwirrflossen am Brustbein, das heißt: Der Antrieb erfolgt aerodynamisch, der Seepertinger gleitet nach dem Start auf seinen Schwimmhäuten wie ein Schwebekissenfahrzeug (Hovercraft) auf seinen Kufen über die Wasseroberfläche. Die Luftschwirrflossen sollen den Seepertinger auf seinen Laichzügen in die Voralpen überdies in die Lage versetzen, Schleusen, Staumauern, Wehre und andere Flußverbauungen zu überspringen, eine echte züchterische Alternative zu den von den Wasserwirtschaftsämtern favorisierten Seepertinger-Steigleitern.

Für eine spätere Phase des WGW-Vorhabens ist, nach dem Vorbild des legendären Dornier-Flugbootes „Wal", die Entwicklung eines Transkontinentalseepertinger (TKS) vorgesehen, der auf allen Strömen und Meeren der Welt wassern kann, um auch in anderen Kontinenten eine Mustelidae-Population aufzubauen. Diese Amphibien-Lösung ergab sich aus der flughistorischen Erkenntnis, daß allein die Zwischenlandungen von Wasserflugzeugen auf Nil, Kongo, Victoria-See, Niger, Sambesi und Limpopo in den Zwanziger Jahren die Erschließung Afrikas für die Luftfahrt ermöglicht hatten.

Aus dem Tonband-Protokoll der ersten Schwirrschwimmtests, durchgeführt am 24. April 1981 auf der Olympia-Regattastrecke in München-Feldmoching:

„Prototyp WGW Zwo erhebt sich erpelgleich aus Dümpellage, Schwirrflossenbewegung setzt ein, verstärkt sich, Prototyp nimmt Fahrt auf, ja, Schwimmhäute schräg nach oben vorn, nein nach vorn oben auf Wasseroberfläche abgestützt. Rückenlage vielleicht etwas steil. Digitalanzeige: Sieben Seemeilenstunden, neun, vierzehn, achtzehn Meilenstunden.

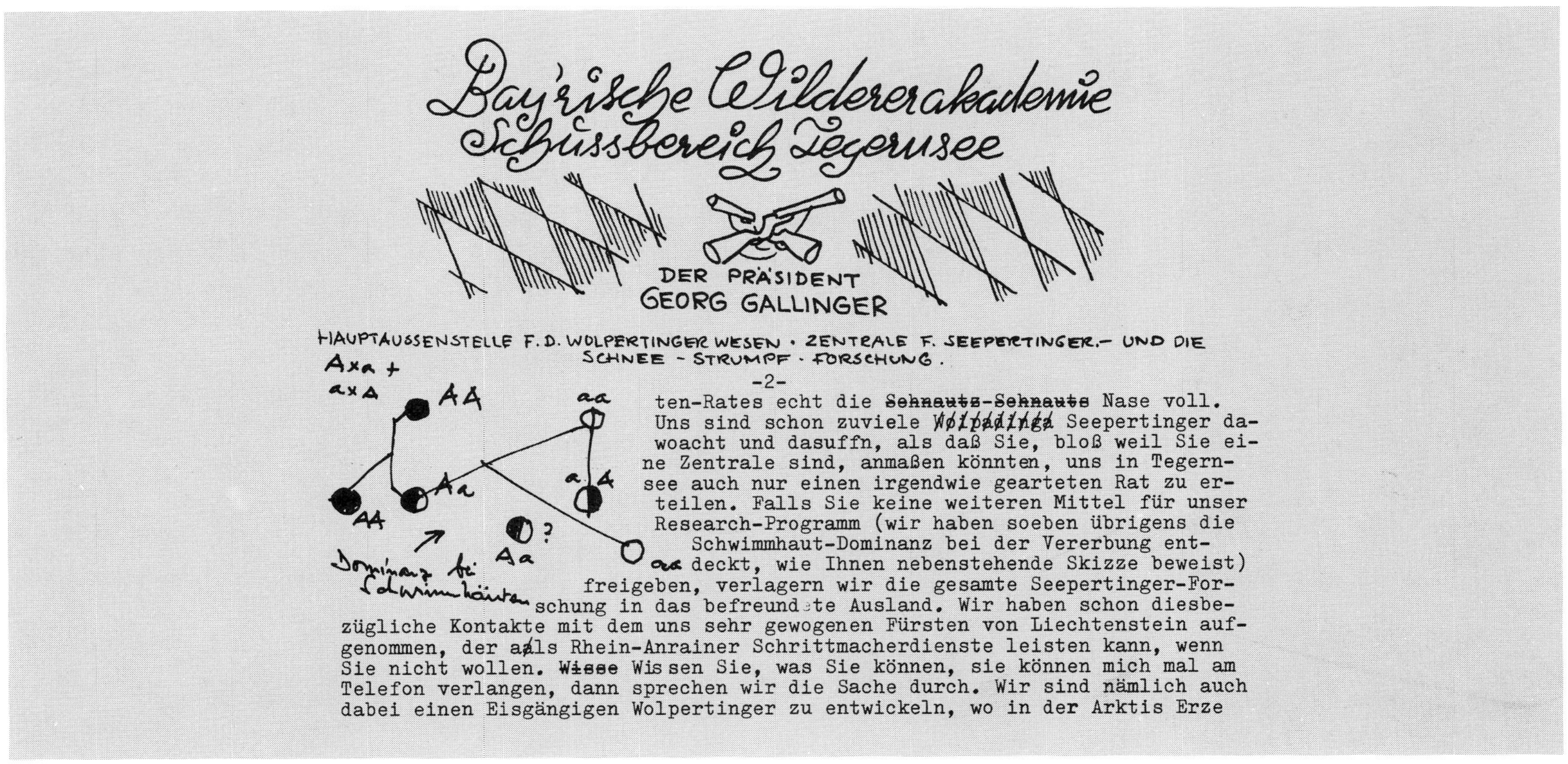

Bayrische Wildererakademie
Schussbereich Tegernsee

DER PRÄSIDENT
GEORG GALLINGER

HAUPTAUSSENSTELLE F. D. WOLPERTINGER WESEN · ZENTRALE F. SEEPERTINGER.- UND DIE SCHNEE - STRUMPF · FORSCHUNG.

-2-

ten-Rates echt die ~~Schnauts-Schnauts~~ Nase voll. Uns sind schon zuviele ~~Wolpdinga~~ Seepertinger dawoacht und dasuffn, als daß Sie, bloß weil Sie eine Zentrale sind, anmaßen könnten, uns in Tegernsee auch nur einen irgendwie gearteten Rat zu erteilen. Falls Sie keine weiteren Mittel für unser Research-Programm (wir haben soeben übrigens die Schwimmhaut-Dominanz bei der Vererbung entdeckt, wie Ihnen nebenstehende Skizze beweist) freigeben, verlagern wir die gesamte Seepertinger-Forschung in das befreundete Ausland. Wir haben schon diesbezügliche Kontakte mit dem uns sehr gewogenen Fürsten von Liechtenstein aufgenommen, der als Rhein-Anrainer Schrittmacherdienste leisten kann, wenn Sie nicht wollen. ~~Wisse~~ Wissen Sie, was Sie können, sie können mich mal am Telefon verlangen, dann sprechen wir die Sache durch. Wir sind nämlich auch dabei einen Eisgängigen Wolpertinger zu entwickeln, wo in der Arktis Erze

Ein kleiner Faksimile-Auszug aus den vertrauten Drohbriefen, die der BWA-Sektionspräsident für den Schußbereich Tegernsee, Georg Gallinger, an die Akademie zu schicken pflegte.

Ein besonders liebenswertes, aus der Fürsorge um den Seepertinger hervorgegangenes Konstruktions-Detail: Das Sprung-Flunder-Ruder. Um zu verhindern, daß der Seepertinger bei zu kurzen Sprüngen über Staustufen mit dem Bauch oder anderen Weichteilen auf der Staustufenkante aufschlägt, wurde an einem Prototypen gearbeitet, der sich vor dem Abheben auf die Seite legt und sich dann mit einem kräftigen Schlag des abgebildeten Querruders in die Höhe schnellt. Die Versuche wurden abgebrochen, nachdem es einem Werksspion gelungen war, auf das Testgelände vorzudringen.

Laichreisegeschwindigkeit erreicht. Kielwasserspur leicht eliptisch, Backbordschwirrflosse offenbar nicht auf voller Leistung...“

Zwei Monate später enden die Freiwasserversuche mit einer Katastrophe: Es zeigt sich, daß die Oberflächengewässer Bayerns, sogar die obere Leitzach (Camper!) durch Spülmittel, Waschmittel und andere Detergentien derart entspannt sind, daß der auf molekularen Anziehungskräften beruhende Kohäsionseffekt entfällt. Schon ein einziger Tropfen Pril wirkt auf einen gleitenden, eben auf Oberflächenspannung angewiesenen WGW wie ein Schlagloch. Materialermüdungen und Unlust sind die Folge.

Die Verlustliste:

> Prototyp WGW II, Ammersee, Juni 1981: Nach einwandfreiem Start in kohäsionsfreie Zone geraten, ertrunken

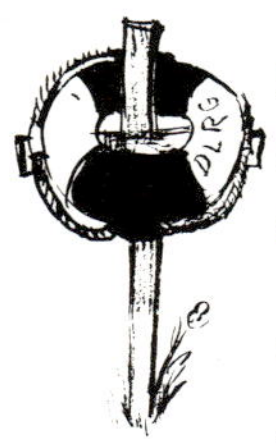

> WGW V, Schliersee, Juni 1981: Durch unterschiedliche Spannungszustände der Seeoberfläche zum Abbremsen gezwungen. Außer Kontrolle geraten und überschlagen. Mutmaßlicher Tod durch Genickbruch

> WGW IV, Chiemsee, Juli 1981: Einwandfreier Ablauf, da See gleichmäßig verschmutzt. Über Ziellinie hinausgeschossen. Im Algenwald vor der Insel Frauenwörth vermißt.

Da die Akademie den Bau von Betonrinnen-Rundstrecken (nach dem Vorbild der Europäischen Kernbeschleunigungsanlage (CERN) mit destilliertem Wasser nicht finanzieren kann, müssen die beiden letzten Prototypen, WGW IV/a und WGW VI auf Alpenflüssen und Gebirgsbächen getestet werden. Dabei erweist sich die Begradigung der Wasserläufe durch die Wasserwirtschaftsämter als tödliches Verhängnis. Die Seepertinger verlieren aufgrund der Trassierung, die dem Auge jeden Anhaltspunkt nimmt, das Maß für die Geschwindigkeit.

WGW I V/a überzieht am 17. August beim Überspringen einer Staustufe im Oberinntal seine Flugbahn und stürzt in einer instabilen Seitenlage, nur wenige hundert Meter neben dem Fluß, vor den Schnellzug Bregenz-Kufstein.

Der letzte WGW zerschellt drei Tage später, um 10.23 Uhr Ortszeit, im Mangfallgebirge.

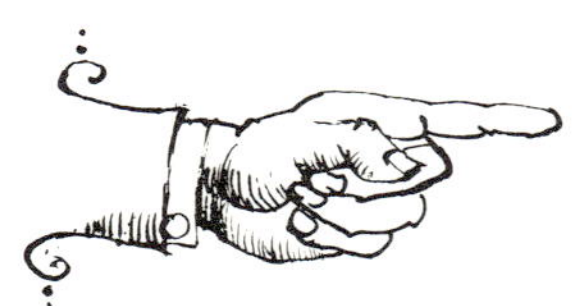

Seepertinger beim Kopfbrüten

I.VI. pag. 8.
Jos. Ant. Zimermann sc. Monachij.

Beispiel II
Luftgängiger Wolpertinger (LGW)

Der tiefe Fall des fliegenden Mönchswürgers

Den mittlerweile wieder verschollenen luftgängigen Wolpertinger (LGW) verdankt die Menschheit einem mehrjährigen Forschungsauftrag der Deutschen Bundespost, die LGWs im Zustelldienst einsetzen wollte, um so zur Humanisierung des Briefträgerdaseins beizutragen. Denn nur nach der Vollautomatisierung des Fernsprechnetzes und Einführung der LGW-Zustellung kann sich die Bundespost auf ihre eigentliche und vornehmste Aufgabe konzentrieren: Sich selbst zu verwalten, statt Briefe auszutragen. Eine andere Lösung, nämlich Re-Analphabetisierung der Bevölkerung, die gleichfalls sämtliche durch Briefverkehr hervorgerufenen Probleme aus der Welt geschafft hätte, scheiterte am Widerstand der Gewerkschaft Erziehung und Wissenschaft.

Ein flächendeckender Einsatz von Brieftauben über dem Gebiet der Bundesrepublik entfiel gleichfalls, weil Columbidae seit den Friedensdemonstrationen zu Beginn der Achtziger Jahre praktisch vergriffen waren und der Radarfallensmog auf deutschen Landstraßen das Orientierungsvermögen der wenigen, auf dem Schwarzen Markt noch gehandelten Tauben-Exemplare beeinträchtigte.

Nach den Vorgaben der Deutschen Bundespost hatte die beauftragte Wildererakademie einen senkrecht startenden, zur Landung auf Hausbriefkästen oder in Vorgärten befähigten LGW-Prototypen zu entwickeln. Es war zudem klar, daß in den Wolpertinger Handflügler (aus der dritten Ordnung der Flattertiere Chiropetera) wie Flughunde (Pteropina) oder Mausohrenfledermäuse (Myotus) eingekreuzt werden mußten, weil sich nur Handflügler nach der Zustellung zusammenfalten und in Rohrposthülsen an die Zentralpostämter zurückschicken lassen. Als Leitsystem schwebten der Bundespost Infrarotsensoren beim LGW sowie Infrarotziffern auf Briefkästen und Infrarotrichtsender auf Überlandstrecken vor — ein verhängnisvolles technologisches Konzept, wie die Entartung des LGW zum Fliegenden Mönchswürger dann zeigen sollte.

Da die Zeit drängte — die Postgewerkschaft beharrte auf Einführung der Achtzehnhundert-Meter-Woche für Briefträger — begann die Akademie gleichzeitig auf einem Versuchsareal bei Manaus/Amazonas und auf einem aufgelassenen Mustergut des Freiherrn von Felgentreu an der Pegnitz mit großangelegten Züchtungsserien.

Genetisches Ziel war

Fledermaus-Eigenschaften (Faltflügelkonstruktion und Ultraleichtbauweise)

Kolibri-Merkmale (extrem leistungsfähige Brustmuskulatur mit bis zu zweihundert Flügelschlägen pro Sekunde)

Antennen-Charakteristika der Gemeinen Waldzecke (Infrarot-Akzeptoren, die das Insekt befähigen, sich zielgenau auf barhäuptige Beerensammler oder streunende Katzen fallenzulassen)

in Wolpertinger-Basismodelle einzumendeln. Für die Auswahl des Zuchtmaterials waren die jeweiligen Zustellungsdienste ausschlaggebend:
Für Päckchen- und Paketzustellung: Lateinamerikanische Vampirfledermäuse mit Spannweiten bis zu einem Meter
Eilbriefe: Buschsegler (Nannugo) aus der Unterordnung der Glattnasen (Gymnorhina)
Kinderpost: Mopsfledermaus (Barbastellus cummunis) aus der Unterordnung der Glattnasen (Gymnorhina)
Alpenvereinspost: Bergflatterer (Meteorus)
Friesische Inselpost und Mainau: Wasserfledermäuse (Brachyotus)
Glückwunschtelegramme: Zwerghufeisennase (Rhinolophus Hipposiderus) oder Hufeisennase (RH. ferrumequinum) aus der Unterordnung der Blattnasen (Istiophara)
Spätzustellungen: Nachthunde (Cynonycteris)
Postwurfsendungen: Bündelzähnler-Fledermaus (Desmodus rufus), gleichfalls aus der Unterordnung der Blattnasen.

Trotz ungemeiner Schwierigkeiten — das Nachttier Fledermaus mußte an den Tagesrhythmus der Mustelidae gewöhnt werden, während Kolibris rund um die Uhr kopulierten und die Gemeine Waldzecke überhaupt keine erkennbaren Regungen zeigte — konnte bereits zwei Jahre nach Auftragserteilung die ersten Prototypen nach Computersimulationen und Tests im Windkanal von MBB in der Großen Voliére von Hellabrunn in Punktlandungen für Einschreibbriefe und im Streufliegen für Postwurfsendungen trainiert werden.

Bei diesen Erprobungen erwies sich der auf Empfehlung des Ältestenrates der BWA in das Zuchtkonzept aufgenommene Flugstabilisator als überaus sinnvoll: Wenn beide Briefcontainer an der Backbordseite und Steuerbordseite des LGW gleichmäßig beladen sind, hält der LGW den Stabilisierungsknochen (Abbildung, links oben) in Flugrichtung über der Körperlängsachse. Da die Container während des Zustelldienstes ungleichmäßig entladen werden, kann der LGW durch Verlagerung des Stabilisatorknochens nach backbord oder steuerbord seine Fluglage jederzeit ausgleichen (Abbildung).

Auszug aus dem Bericht der Vereinigten Untersuchungskommission

(DB/BWA) über das Entkommen der Flugwolpertinger aus dem Voliére von Hellabrunn und die Folgen (Mönchswürger-Syndrom):

„... daß es sich hier nicht um ein Werk des Zufalls handelte (kein LGW, auch nicht aus dem Bereich Paketzustellung, hätte das Vorhängeschloß durchbeißen können), stand von Anfang an fest. Dennoch dauerte es mehr als ein Jahr, bis sich in einer Abfolge scheinbar zusammenhangloser Ereignisse ein Raster abzeichnete

Juni 1982: Am Fronleichnamstag, der einzige Tag „an dem die Spatzen auf den Himmel scheißen dürfen" (Volksmund) greift ein solitärer LGW die Bittprozession auf den Fluren von Ettal an und kann von den Fahnenträgern nur mit Mühe in die Flucht geschlagen werden

Juli 1983: LGW-Schwärme sprengen durch Stuka-Anflüge ein Jesuitenseminar in einem Vorort von Hammerfest

Juli 1983: Ausgehverbot für die Mönche auf dem Berg Athos wegen fortgesetzter LGW-Raids aus der Luft

September 1983: Auf dem Heimweg von einem Wohltätigkeitsbazar bei Salamanca wird eine Nonne — nach Augenzeugenberichten — von einem aus der Sonne herabschießenden LGW geschlagen

Oktober 1983: Helikopter-Einheiten und Fallschirmjäger der italienischen Luftwaffe müssen den Himmel über dem Petersplatz von sich zusammenrottenden LGW-Schwärmen räumen.

Dezember 1983: Ein Paketschlepper-LGW, Spannweite schätzungsweise drei Meter, greift über dem Tanganijka-See eine DC 10 der African Airways mit dem schwarzen Nuntius Milote an Bord an und verbeißt sich in das Seitenleitwerk

Januar 1984: Eine LGW-Schwadron entführt aus dem Innenhof des ehemaligen Klosters Tegernsee den Pater Kellermeister Anselm (St. Innichen/Pustertal) während eines Betriebsausfluges aus dem Kreis seiner Mitbrüder. Da der Pater später mit entsetzlichen Malen an Hals und Schulterblättern auf einem Vorgipfel des Rosengartens aufgefunden wird, führen die ermittelnden Behörden die LGWs künftig als „Fliegende Mönchswürger" in ihren Akten.

Des ersten Fliegenden Mönchswürgers werden die Behörden nach einem LGW-Absturz im Bergischen land habhaft: Der Ermit Pater B. wird während eines Wiesenlaufes eines Schlüsselblümchens ansichtig und bleibt so verblüfft stehen, daß der von hinten angreifende LGW seine Flugbahn nicht mehr korrigieren kann und in den moorigen Untergrund einschlägt ...

Als die LGWs noch ohne Sauerstoffmasken flogen: Ein Veteran der ersten Generation mit eingebautem Höhenmesser.

... Pathologische Untersuchungen nach der Bergung bestätigen den bereits in BWA-Kreisen geäußerten Verdacht, daß Unbekannte, die auch die Hellabrunner Voliérentüre öffneten, an den LGW-Infrarotsensoren genetische Manipulationen vorgenommen hatten: Die Rezeptoren für infrathermische Strahlung waren auf Papillengröße verkümmert, teilweise fehlten sie gänzlich, während die Geruchssensoren überentwickelt und auf Boswellia-Duftmoleküle programmiert waren. Eingetrockneter Balsam aus Wunden verschiedener Boswellia-Arten aber ist die Grundsubstanz von Weihrauch, was das „Fliegende Mönchswürger"-Syndrom erklären würde.

Zusatz: Genealogische Nachforschungen haben ergeben, daß der seither verschwundene Assistent Meierklein ein Urgroßneffe des bayerischen Grafen und Ministers Montgelas ist, der die Klosteraufhebungen in Bayern (Säkularisation) betrieb, sie wegen seines Sturzes im Jahre 1817 aber nicht vollenden konnte. Möglicherweise litt Herr Meierklein unter seinem Namen und wollte durch sein Tun etwas kompensieren, um vom Montgelas-Zweig seiner Familie anerkannt zu werden.

Zusatz: Da der Forschungsauftrag von seiten der BWA nicht erfüllt wurde, werden die beiden letzten Projekt-Raten nicht ausbezahlt. Für die Deutsche Bu ...

Zusatz des Lektorates: Die Akademie bricht anderntags zusammen.

Mein schönstes Erlebnis mit dem Wolpertinger

Die Jungriege der Pfadfinderschaft St. Quirin/Neuß im Rheinland war termingerecht zur Ichtyosaurier-Suche in einem aufgelassenen Steinbruch bei Solnhofen eingetroffen und hatte nach Deponierung der Fahrräder am Waldrand, Aufstellung der Zelte und einem gemeinsamen Abendgebet das Gebirge mit Klopfhämmern in einem ersten Erkundungsgang nach fossilen Einschlüssen durchsondiert. Befund, bis auf eine solitäre Actionella-Schnecke negativ.
Plötzlich brach ein Wolkenbruch los, der den Talgrund des Steinbruchkessels in Minutenschnelle überflutete. Die Riege war gefangen. Aber ebenso plötzlich erschienen oben, auf der Höhe des Steinbruchrandes, biberähnliche Gestalten, die mit affenartiger Geschwindigkeit Bäume umnagten und uns die Stämme mit Geschick zum Bau von Rettungsflößen zuwarfen. Außerdem bissen sie uns noch Waldgeißreben zum Zusammenbinden der Stämme von den Bäumen.

Durchnäßt und frierend retteten wir uns in das Lager, da auch unsere Zündhölzer nicht trockengeblieben waren. Nach einiger Zeit kam einer dieser Biberartigen, einen Flintstein quer im Fang haltend, zu unserer Feuerstelle und schlug genannten Stein so lange gegen unsere Fahrradrahmen, bis wir mit den daraus hervorgehenden Funken ein Lagerfeuer entzünden konnten.
Wenn auch 18 aus 23 Mitgliedern der Gruppe am nächsten Tag die Heimfahrt mit dem Zug antreten mußten, so hat uns doch der Wolpertinger, um den es sich nach übereinstimmenden Aussagen alter Solnhofener gehandelt haben muß, in dieser Nacht den Abend gerettet. Es wurde nämlich, als wir unsere Gewänder zum Trocknen hängten, noch sehr lustig.

Herbert Pfeinlin, Jungscharführer
beglaubigt: Matuschek, Stadtdirektor

Mein schönstes Erlebnis mit dem Wolpertinger

Eines Abends saß ich auf der Veranda beim Ausfüllen eines Lottoscheins und war ziemlich unschlüssig. Während ich auf die Felder starrte, gewahrte ich ein flederwischartiges, etwa tennisballgroßen Wesen, das vor mir auf dem Tisch saß und mich phosphoreszierenden Knopfaugen ansah. Es klopfte mit dem Hinterlauf viermal gegen den Aschenbecher aber ich verstand nicht.

Daraufhin verschwand es und kehrte nach einigen Minuten mit vier Jungen, etwa von Pingpongballgröße zurück. Die Jungen liefen demonstrativ so lange vor dem Lottoschein auf und ab, bis ich die Vier ankreuzte. Dann bewegten sich auf einmal elf dieser kleinen Flederwische im Gänsemarsch diagonal über den Tisch und ich kreuzte die Elf an. Dann waren es neunzehn, siebenundzwanzig und schließlich dreiunddreißig. Es dauerte noch einige Zeit, bis sie in der Umgebung genügend Flederwische aufgetrieben hatten, um mir auch die Achtundvierzig zu signalisieren, die ich gleichfalls ankreuzte.

Wir hätten sechs Richtige gehabt, wenn man Mann – Sie kennen diese Gags, die das Schicksal liebt – den Lottoschein abzugeben nicht vergessen hätte. Wir wären heute Millionäre und nicht darauf angewiesen, an Preisausschreiben dieser Art teilzunehmen.

Josefine Mangold
Frankental im Pfälzer Wald.

Der Wolpertinger aus der Sicht der Gentechnologie

Die atemberaubenden Fortschritte der Biotechnologie durch Genetic Engineering (Schaffung neuer Lebewesen durch die Neukombination von Nukleinsäuren von Genen) konfrontiert selbst den Wolpertingerfreund (WF) mit einem erheblichen Risikopotential, andererseits aber auch mit schönen Erwartungen: Die Wolpertinger-Chimäre (Chimäre in der Antike = feuerschnaubendes, aus Löwe, aufsteigender Ziege und Schlange zusammengesetztes Ungetüm; nach heutigem naturwissenschaftlichen Sprachgebrauch eher = Propfbastard) steht vor der Tür, egal wie man sich zum ethischen Für und Wider dieser Manipulationstechnologie stellt.

Molekularbiologen sind seit geraumer Zeit in der Lage, in der Nukleinsäure von Chromsomen — Träger der Erbeigenschaften — wie in Lochstreifen zu lesen und auf „Genkarten" eines Lebewesens die einzelnen Erbanlagen zu markieren. Die Entdeckung der sogenannten Restriktions-Enzyme (sie sind gleichsam Skalpelle in der Hand des Propfers) ermöglicht es, einzelne Teile dieser Nukleinsäuren herauszuschneiden und in bestimmte Mikroorganismen wieder einzusetzen.

Dieses verhältnismäßig einfache Verfahren dürfte über kurz oder lang zum Allgemeingut der Gesellschaft werden, so daß sich — nach VHS-Schnellkursen oder im Selbststudium — große Teile der Bevölkerung Wolpertingerpropfbastarde (WPBs) nach ihren ureigensten Vorstellungen entwerfen und zusammenbauen können. Es wäre beispielsweise denkbar, daß sich die Grünen auf den Bau von Kabelschlepperwolpertinger (KSWs) konzentrieren, die nach der Einfügung von Maulwurf-Elementen (und mit winzigen Zuggeschirren ausgerüstet) Hochspannungsleitungen unterirdisch verlegen und durch die Entdrahtung der Landschaft gegen die visuelle Umweltverschmutzung angraben. Da die Küchenschabe extrem strahlungsresistent ist, eine zweite Überlegung, wären auch Entsorgungswolpertinger (EWs) vorstellbar, die Brennelemente zerkleinern. Oder, unter Einbringung von Maikäfermaterial, ein Kartoffelkäferschutzwolpertinger (KKSW).

Die folgenden Unterkapitel sind nur als Denkanstöße zu verstehen:

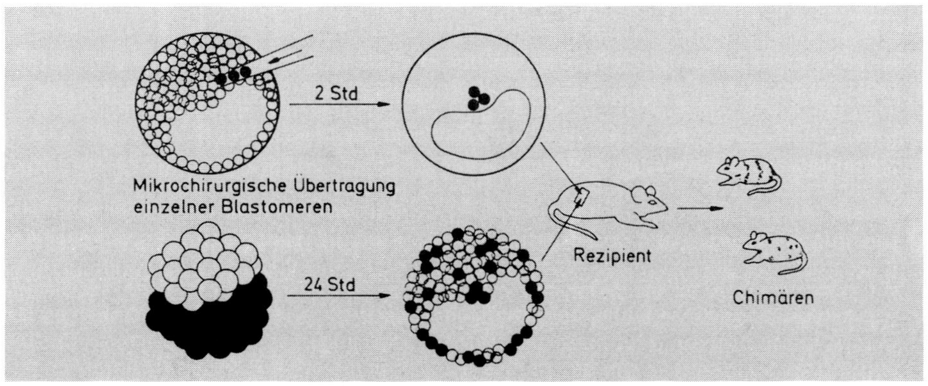

Chimärenbildung bei der eine richtungsweisende Technik für das Wolpertingerpropfen

Genetisches Planspiel I

Der Freizeitanimateur-Wolpertinger

Die Situation im bayerischen Folkloredienstgewerbe war bei Drucklegung von folgenen Faktoren und Trends gekennzeichnet:
Anhaltender Personalkostendruck
Zunehmend massiver werdende Forderungen der Gewerkschaften nach Einführung des 35-Minuten-Heimatabends
Hoher Krankenstand bei Statisten, Schuhplattlern, Hilfsjodlern und Fahnenträgern, bedingt durch immer mehr Fassadenabstürze junger Leute beim Fensterln nach Liberalisierung der TÜV-Vorschriften für Leitern (Gummisaugnäpfe zum Fixieren der Holme sind nicht mehr vorgeschrieben, desgleichen die bewährten Sicherungswurfanker für Geranienkästchen und Balkonbrüstungen)
Wachsende ausländische Konkurrenz im eigenen Land durch Leasing-Plattlergruppen oder Jodlerchöre aus Südtirol, Taiwan, Mittelfranken und Nordkorea
Einbruch des Video-Mediums in das Folkloredienstgewerbe: Stereo-Echos vom Königssee zu Kampfpreisen, dreidimensionale Wendelstein-Sonnenuntergänge auf Endlos-Kassette, komplette Plattlerkurse für Daheim, Video-Do-it-Yourself-Anleitungen für Waldfeste im Hotelzimmer mit Geräusch-Background und elektronisch eingestäubter Duftkulisse (Bratwürstel, Fischsemmel, Kastanienblüten), Kabelstandleitungen zwischen Hotelhalle und Waldfestplätzen, Hirschbrunft-Synthesizer etc.

Die Lage zwingt zu Vergleichen mit der Situation in der deutschen Autoindustrie Ende der Siebziger Jahre, die nur — den Anfang machte die Volkswagen AG — durch die Einführung Industrieller Handhabungsautomaten („Roboter") bewältigt werden konnte. In die genetischen Plan- und Gedankenspiele der Wolpertinger-Forschung muß deshalb auch das mögliche Projekt eines vertrauenserweckenden Freizeitanimateur-Wolpertingers (FAW) einbezogen werden.

Freizeitanimateur-Wolpertinger könnten, durch geschicktes Genetic Engineering, wie Industriehandhabungsautomaten dazu gebracht werden,

a) monotone und ermüdende Arbeitsabläufe zu übernehmen, Beispiele:

Bei Heimatabenden an der Saaltüre stehen und Grüßgott sagen

Sich zu Plattlermusik auf die Knie hauen

Urlauberinnen drehen

Goaßlschnalzen

Mit dem Gamsbart wackeln (Wenn im Gegenlicht, beliebtes Fotomotiv für Fremde)

Heimatabend-
program̄
Watschntanz
Holzhacker
Joδlcontest
I bin a Bayer
HR

Bei Holzhackermärschen juhezen

In Spielmannszügen mitmarschieren (Trommler!)

Radi schneiden

Mit ausgestreckter Hand auf die Schlafstätte Kaiser Karls im Untersberg zeigen, oder auf das Ludwig II-Gedenkkreuz im Starnberger See

Grillsäue drehen

Maßkrüge heben und allen zuprosten

b) gefährliche, aber leicht definierbare Tätigkeiten verrichten

Beim Eintreffen von Touropa-Zügen auf den Kirchbicheln des Landes Salutkanonen abfeuern

Maibäume aufstellen

Schau-Raufen

Watschentänze aufführen

Feuerwerk bei Seefesten abbrennen

Den Jennerwein im Bauerntheater spielen

Schau-Fensterln

Schau-Wildern bei Wildfütterungen

Einsatz beim Gaißacher Schnabler-Schlittenrennen (als Lenker-Dummy)

Edelweiß-Brocken

Betreuung von Single-Urlauberinnen

Zu letzterem Punkt, der befremden mag, sei die Frage erlaubt: Warum soll, wenn ganz Bayern es erlernt hat, nicht auch eine Landsmännin aus Castrop-Rauxel oder dem Sauerland (sind wir letztlich denn nicht alle Deutsche?) mit einem FAW leben können, zumal dies ja nur befristet ist? Durch gezieltes Handhaben von Restriktionsenzymen ließe sich nämlich das Lustzentrum des Freizeitanimateur-Wolpertingers so einstellen, daß es einerseits zu keinen sexuellen Übergriffen kommt, der FAW die Dame aber auch nicht langweilt, sondern Gstanzl singt, lacht, auch mal kitzelt, den Foam abtrinken läßt, ein Tanzschrittchen vorführt oder Verserl aufsagt — kurz, seinem Berufsbild als Animateur gerecht wird.

Ein GAGU, was nun, was tun?

Bei einem GAGU handelt es sich um den Größten Anzunehmenden Genetischen Unfall nach der Kernschmelze neuartiger Wolpertinger-Nukleinsäurekombinationen, die zum Entstehen oder gar Entkommen virulenter und pathogener Wolpertinger-Mutanten/Träger-Viren in/aus Laboratorien führen können.
GAGU-Richtlinien zum Schutz vor Gefahren durch in-vitro neukombinierte Wolpertinger:

Keinesfalls in Panik verfallen

Ruhe bewahren! Sehr wichtig!

Wolpertinger-Mutanten durch Zureden oder leises Pfeifen ruhighalten/ablenken!

Bundesanzeiger mit Richtlinien für Übergangsbestimmungen des Viehseuchengesetzes, sowie Bundesimmissionsschutzgesetzestext bereitlegen!

Wenn Negermusik auf Sender Ö-3, abstellen wegen möglicher Rückkopplung auf Wolpertinger-Mutante (= Virulenzeskalation)!

Unbedingt ruhig bleiben! Bei eventueller Flucht keinesfalls Fahrstühle benutzen! Lebensgefahr, da Liftschachtgängige Wolpertinger (LSchGWs) Trag- oder Zugseile durchbeißen oder Elektromotorik außer Betrieb setzen können!

Rettungsset-Charivari umhängen (Gebrauchsanweisung siehe rechts)!

Laborantinnen legen zum Dienstschalkgewand das sogenannte „Kropfband“ um (Gebrauchsanweisung siehe rechts oben)!

Fenster dicht?

Türen zu?

Mannschaft ok?

Durchreiche-Autoklav wechselseitig verriegelt?

Wenn Wolpertinger-Mutanten nach einem GAGU ausbrechen, suchen sie den Plexus solaris (Sonnengeflecht), das größte und wichtigste Nervengeflecht einer Gesellschaft, um sie zu durchdringen. In Bayern ist dieser wunde Punkt zweifellos die Volksmusik.

Nun das gesamte Physical Containment überprüfen! Funktioniert Luftdruckstaffelung der Schleusen gegen Vorraum und Arbeitsräume? Merke: Gerichtete Luftströmung von außen nach innen muß ständigen Unterdruck im W-Laboratorium gewährleisten, um Entkommen pathogener Viren in umgebendes natürliches Ökosystem zu verhindern!

Ist Ö-3 wirklich ausgeschaltet? Eventuell Stecker ziehen?

Für Rückfragen bei Notnotariat/Erbschaftspfleger/Nachlaßgericht → Standleitung 591! Knopf drücken und Null voranwählen! Hörer nur mit Einweghandschuhen anfassen (Eigentum der Bundespost)!

Haben Sie auch nicht vergessen, die sogenannten „Kropfbänder" zu entriegeln?

Wenn W-Mutante zum Angriff übergehen sollte, Grimassen schneiden oder furchtlos auf- und abschreiten!

Denken Sie daran, keinesfalls in Panik verfallen! Panik steckt an!

Haben Sie überhaupt schon versucht, den Bundesbeauftragten für Biologische Sicherheit oder den Vorsitzenden der Zentralen Kommission für die Biologische Sicherheit (ZKBS) zu erreichen?

Gebetbücher finden Sie im Berufsgenossenschaftlichen Erstehilfekästchen unter den Brandbinden!

Testamentsschnellformulare dito (rechts vom Aspirin)!

Mein schönstes Erlebnis mit dem Wolpertinger.

Öfters komme ich mit Depressionen vom Pilzsuchen in der Lüneburger Heide zurück, weil mich die Diskrepanz zwischen Aufwand (wir leben im Saarland) und Ausbeute ärgert.
Kürzlich war es anders. Nachdem ich auf einer Waldlichtung eingenickt war, war ich nach dem Erwachen von kniehohen Pfifferlingen und kürbisgroßen Steinpilzen umgeben: Es war auch ein Edelreizker darunter, der die Ausladung etwa einer Geweihstange eines Vierzehnenders hatte. Ich war selig.
Bedauerlicherweise fielen die Pilze abends, als ich sie der Familie zeigen wollte, wie alte Fahrradschläuche in sich zusammen. Kleine Einbiß-Spuren in den Pilzschäften, darauf brachte mich später ein Mykologe aus dem Emsland, ließen den Schluß zu, daß Wolpertinger die Pilze einfach aufgeblasen hatten, um mir wenigstens eine vorübergehende Freude zu machen. Ich habe mich auch sehr gefreut, weil solche Aufmerksamkeiten heutzutage sowieso so selten sind.

Michael Brunner
Saarlouis

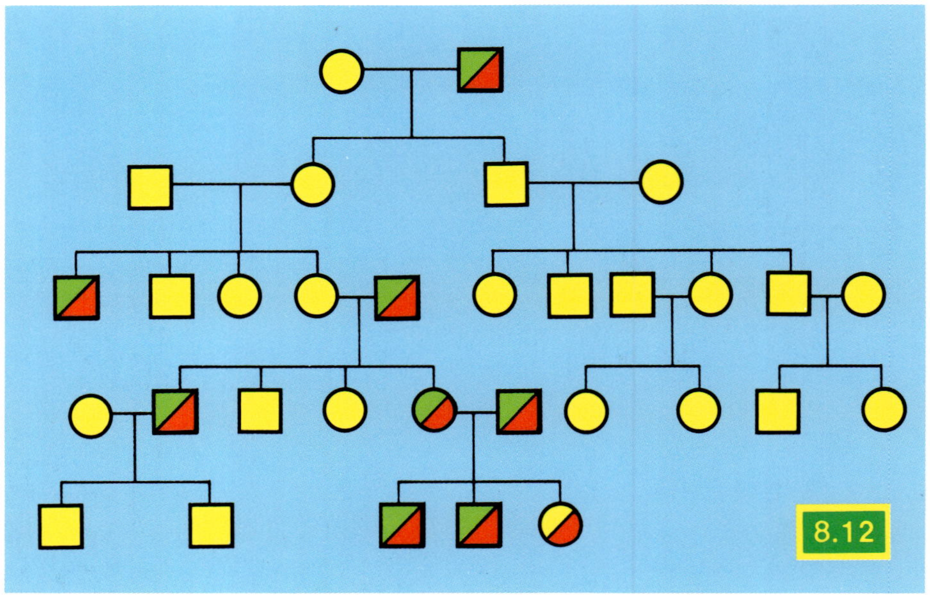

Schon beim Menschen ist es, wie diese Graphik ahnen läßt, mit großen Schwierigkeiten verbunden, die Vererbung von Farbenblindheit zu rekonstruieren. Aber Menschen können mit Farbenblindheit leben: Als Autofahrer halten sie völlig verkehrsgerecht eben dann an, wenn ihnen grün vor Augen wird. Beim Züchten oder Konstruieren von Wolpertingern hingegen ist der Biologe in seiner ganzen Verantwortung gefordert: Wolpertinger, die beispielsweise grüne Blaubeeren zu sich nehmen, müßten jämmerlich zugrundegehen. Und das ist nicht im Sinne dieses Buches.

Mein schönstes Erlebnis mit dem Wolpertinger

Ich bin Vorstandsvorsitzender des Rheinisch-Westfälischen Elektrizitätsverbandes (RWEV), kam aber in meiner Eigenschaft als Kurgast nach Bad Wörishofen. Während eines Trimmlaufes überraschte ich einen Wolpertinger, der sein Wasser an einer etwa achtzigjährigen Fichte abschlug. Zu meiner Verblüffung zeigte der Baum augenblicklich alle Symptome, die uns aus der Standardliteratur zur Waldsterbensforschung geläufig sind: Entnadelung der Äste von Innen nach Außen und Lamettasyndrom, sowie Storchennestwipfelbildung innerhalb der folgenden Viertelstunde.
Die Erkenntnis, daß nicht Schwefeldioxid-Emissionen aus deutschen Großfeuerungsanlagen das Waldsterben bewirken, sondern daß die Wolpertinger durch zu hartes Wasserabschlagen an der Rinde das Gefäßleitsystem der Bäume schädigt, zählt für mich – einen nicht unmaßgeblichen Repräsentanten der deutschen Energiewirtschaft – zu den schönsten Begegnungen mit dieser Spezies.
Wenn ich mir noch eine Anmerkung erlauben darf: Hier ist nun wirklich die Gentechnologie gefordert. Offenbar besitzt der Wolpertinger eine Art Prostatadrüsendüse, die diesen verheerenden Strahleffekt zur Folge hat. Durch Genetic Engineering müßte es gelingen, das Harnröhrensystem des W. im Sinne des Gießkannenprinzips zu verändern. Dem deutschen Wald zuliebe.

Dipl.-Ing. Dr. rer. oec. h.c. Martin G. G., Essen
Honorarkonsul der Malediven

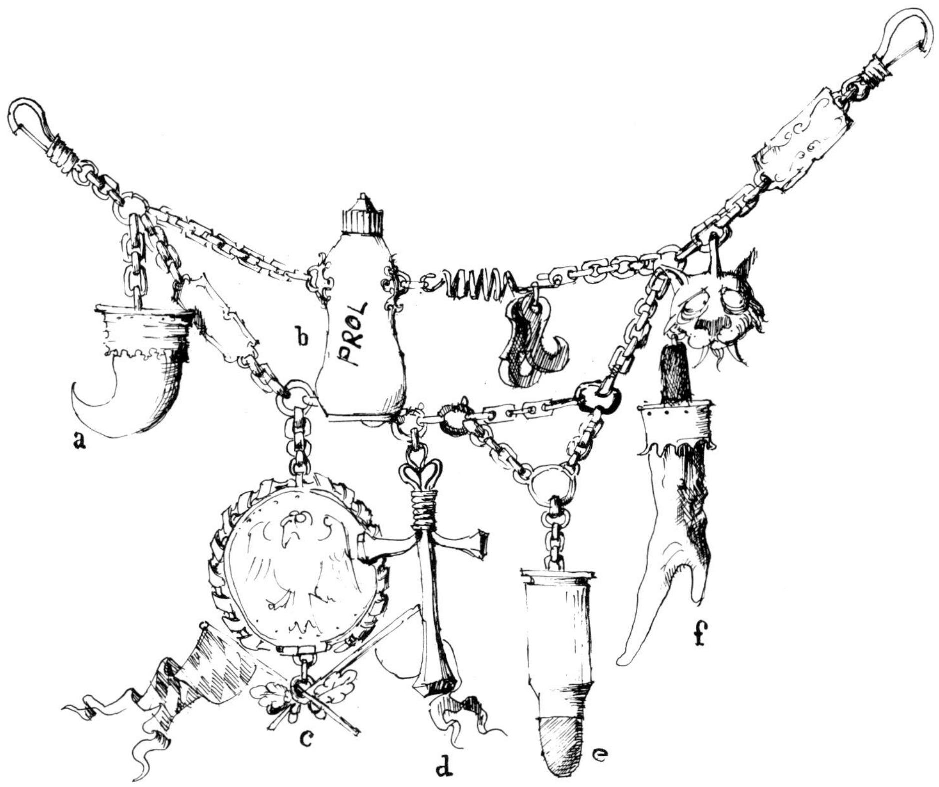

Das Schreck-Kropfband

Laborantinnen in Gentechnologischen Versuchslabors tragen grundsätzlich das steuerlich absetzbare Schalkgewand oder Dirndl, um heranwachsende Wolpertinger — wenn sie aus den Bullaugen ihrer Brutkästen herausschauen — an ihre neue bayerische Heimat zu gewöhnen (Adaptionsdienstkleidung).
Bei einem GAGU schützen sich die Laborantinnen durch sofortiges Anlegen des TÜV-geprüften Schreck-Kropfbandes, das auf einem einfachen Prinzip beruht: Eine stilvolle Deckplatte (links oben) verbirgt einen Sprungfedermechanismus im Inneren des Kropfbandes. Wenn eine Wolpertingerchimäre versucht, der Trägerin in den Hals zu beißen, klappt die Deckplatte zurück. Der Jennerwein schaut heraus und erschreckt den Wolpertinger.

Der Rettungs-Set-Charivari für Wolpertinger-Gentechnologen verbindet Brauchtum und Sicherheitsdenken und kann deshalb auch auf Waldfesten getragen werden. Sein geschmackvoller Aufbau enthält unter anderem (von links): Einen etwas heimtückisch verfremdeten Pfefferaerosol-Spray (der Wolpertinger muß glauben, einen Patronenträger ohne Gewehr vor sich zu haben, und reibt sich dann verbittert die Augen), ein Blutrinnenkurzstilett für Nahkämpfe und eine Knoblauchpipette, die auch auf Partys ohne Wolpertinger viel Freude schenkt. Die Plakette weist den Träger als Deutschen bayerischer Nationalität aus, was den Wolpertinger von Angriffen abhalten könnte. Für den Fall, daß er dies ignoriert, ist eine Parlamentärsfahne angelötet. Im Inneren der Plakette finden sich noch Merkblätter für GAGU-Fälle.

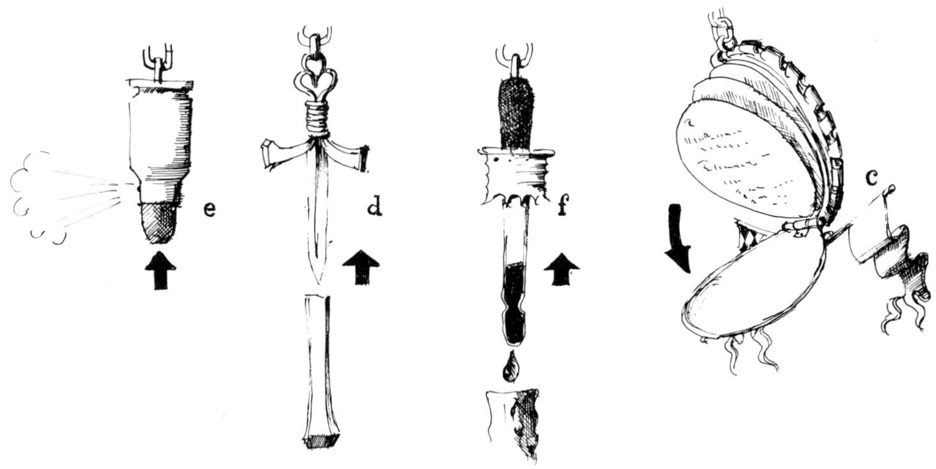

Genetisches Planspiel II

Der Laktosetoleranz-Wolpertinger,

ein verblüffender Beitrag zum Abbau europäischer Butterberge

Der Hang des Wolpertingers zu Vampirismus, seine latente Schwäche für Blutbäder unter Junghasen-Populationen, in Altersheimen oder Rebhuhngelegen, ist nicht im moralischen Bereich, sondern in einem angeborenen Enzym-Defekt zu suchen, in der Laktose-Intoleranz. Er ist, enzymatisch gesehen, nicht in der Lage, Milchzucker nach folgender simpler Formel für seinen Energiehaushalt aufzubrechen: Laktose → Glukose (Traubenzucker) plus Galaktose

Wolpertinger können einfach keine Milch sehen, ähnlich wie einem Metzger beim Anblick eines blutenden Azubi-Daumen schlecht wird. Es wurden wiederholt durchaus gesunde Exemplare beobachtet, die sich vor Molkereien erbrachen, bei ihren Streifzügen durch Dörfer weite Bögen um Käsehandlungen schlugen oder sich schon durch das Werfen mit leergetrunkenen Milchtüten von Terrassen oder aus Hollywood-Schaukeln verscheuchen ließen.

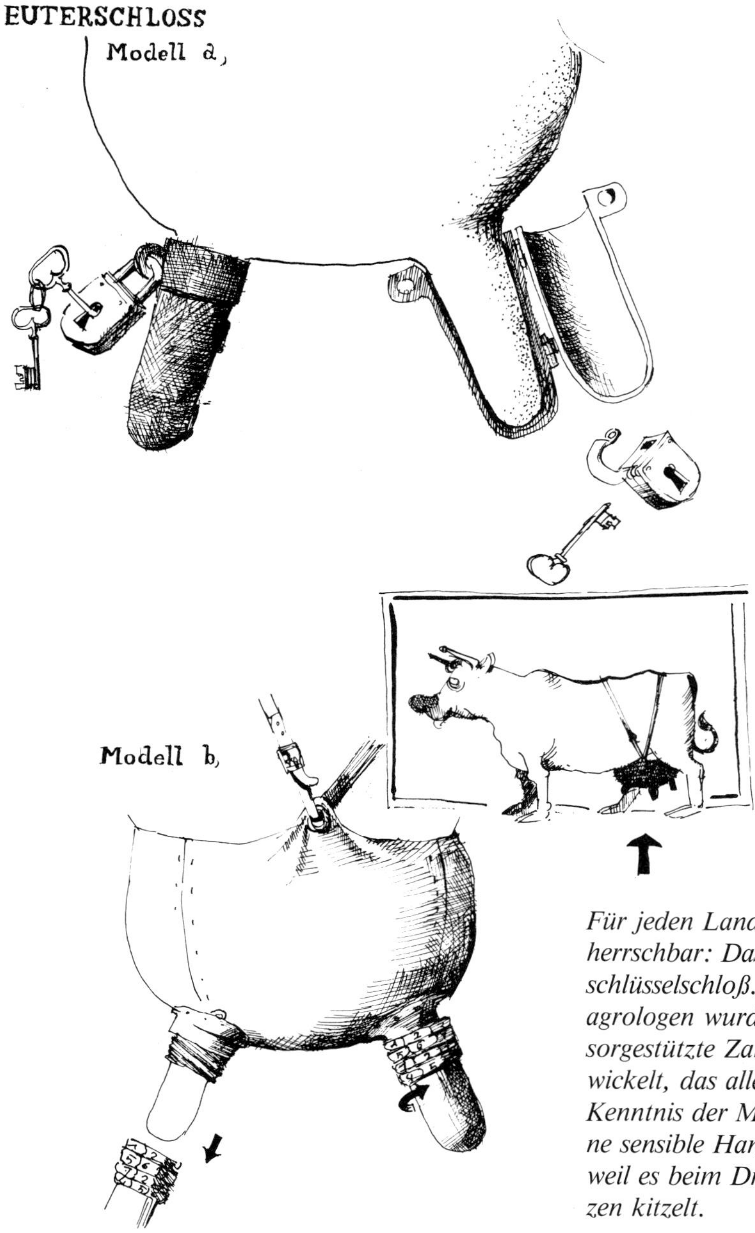

Für jeden Landmann beherrschbar: Das Kuheuterschlüsselschloß. Für Diplomagrologen wurde das suspensorgestützte Zahlenschloß entwickelt, das allerdings neben Kenntnis der Mengenlehre eine sensible Hand erfordert, weil es beim Drehen die Zitzen kitzelt.

Dem Wolpertinger-Genetic-Engineering eröffnet diese Laktose-Intoleranz jedoch in der Europapolitik eine kontinentale Perspektive, die in ihrer Bedeutung an die Römischen Verträge heranreicht: Wenn es gelänge, durch gezielte Eingriffe in die Erbinformation diesen prägenitalen Enzymdefekt zu beheben und Laktosetoleranz-Wolpertinger (LTWs) zu züchten, dann könnte das fundamentalste Problem Europas aus der Welt geschafft werden — die Milch, und zwar antizyklisch.

Bereits im Jahre 1979 mußte die Europäische Gemeinschaft für jede Kuh in ihrem Einzugsbereich 450 DM Beihilfe für zuviel produzierte Milch aufbringen, was Aufwendungen von 375 DM pro Sekunde für den EG-Milchmarkt entsprach (Quelle: Kommissionsvizepräsident Vinn Olaf Gundelach, „Die Welt vom 26. Januar 1980"). Über Abschlachtprämien, die zudem moralisch umstritten sind, lassen sich weder die europäischen Milchseen auspegeln, noch die Butterberge egalisieren, weil Abschlachtprämien den natürlichen biologischen Zyklen zuwiderlaufen, denn: Weniger Kühe → fallende Fleischpreise → rückläufige Kälberaufzucht, weil kein Anreiz für Bauern → dadurch Engpaß auf Milchmarkt → Milchpreisschub → Landwirte stellen mehr Kälber auf → demnächst wieder Überproduktion.

Mit der Schaffung eines milchverträglichen Wolpertingers hingegen würde die Biotechnologie dem EG-Landmann ein antizyklisch-flexibles Instrument zur Steuerung der europäischen Milchströme in die Hand geben: In Zeiten steigender Produktion werden nachts LTWs auf die weidenden Herden angesetzt oder in den Stallungen ausgelassen und trinken die Euter leer (Bild rechts), ohne daß der Rinderbestand als solcher in Frage gestellt werden muß.

Ist die kritische Untergrenze in der Milchversorgung der Gemeinschaft erreicht, werden den Rindern Kuheuterschlösser (Konstruktionszeichnung unten links) nach dem Unterdruckprinzip (Sog!) angelegt, so daß der LTW nicht abtrinken kann und auf Löwenzahnmilch ausweichen oder mühsam Eichhörnchenweibchen abmelken muß. Steigt die Milchproduktion wieder, kommen die Schlösser in den Schrank. Nach diesem in der Industrie erprobten Rückkopplungsprinzip — Messen, Steuern, Regeln — wäre der Wolpertinger somit auch in den europäischen Einigungsgedanken eingebunden, was er aufgrund seiner Loyalität gegenüber der Kommission und seines eindeutigen Bekenntnisses zum NATO-Doppelbeschluß schon lange verdient hätte. Außerdem würde ein LTW die Gemeinschaft von dem Zwang befreien, Butter in die Sowjetunion zu exportieren. Der auf diese Weise herbeizuführende Zusammenbruch des sozialistischen Systems zählt, seit er in der Krönungskutsche des Zaren Nikolaus I. mitfahren durfte, zu den vorrangigen gesellschaftspolitischen Anliegen des Wolpertingers.

MILCH
MILCH
In da Nacht, in aller Stille, kimt da Kreisst, trinkt sei Mille
HR

Genetisches Planspiel III

Der Weltraumgängige Wolpertinger (WGW) — Postläufer zwischen den Galaxien

Fünf kosmische Zeitgeber begrenzen, wie die Raumkrankheiten von Astronauten und Kosmonauten bei Langzeit-Missionen gezeigt haben, den Aufenthalt des Menschen im All. Es sind dies:

Die Erdrotation

Der Mondumlauf um die Erde

Die Sonnengravitation

Der Erdumlauf um die Sonne

Die differentielle Sonnenrotation, das heißt — die Gaskugel der Sonne dreht sich am Äquator schneller als in den polnahen Gebieten (Quelle: Der Wiener Luftfahrtmediziner Herbert Pichler vor der Hermann-Obert-Gesellschaft im Herbst 1981 in Garmisch-Partenkirchen)

Entzieht sich ein menschlicher Organismus diesen fünf Faktoren und der Schwerkraft, indem er beispielsweise ein Raumschiff besteigt, kommt es zu schwerwiegenden physiologischen Veränderungen und Biorhythmusstörungen, zur Raumkrankheit, die keinesfalls mit der Höhenkrankheit verwechselt werden darf: Die Raumfahrer leiden unter extremen Blutandrang in Brustraum und Kopf, sie sehen mit geschlossenen Augen Lichtblitze und fühlen sich Halluzinationen ausgesetzt, bis hin zur Verwirrung.

Der Wolpertinger hingegen ist von Natur aus über diese kosmischen Zeitgeber erhaben. Da er aufgrund der vom Schisma-Kongreß zu Baiernrain durchgesetzten Definition „Zumindest transparent, wenn nicht gar unwesentlich" ist, unterliegt er weder der Erdrotation, noch der Sonnengravitation, ebenso wenig interessiert ihn, daß sich die Sonne an den Polen schneller dreht. Ihm geht es um andere Dimensionen.

Der Umbau zum WGW stellt an den Genetic Engineer keine besonderen Anforderungen. Ein Weltraumgängiger Wolpertinger bräuchte, da an Bord von Raumschiffen allein die Brunnenkresse überreichlich wächst, lediglich Zähne mit breiten Mahlflächen und einen Wiederkäuerapparat. Für Erkundungen auf der Venus müßte er, wegen der dort herrschenden Oberflächentemperaturen bis zu 800 Grad, mit Asbestlamellen in der Außenmuskulatur ausgerüstet werden. Mit glysanthinähnlichen (bereits in der Natur, vor allem bei arktischen Fischen, vorkommenden) Frostschutzverbindungen im Blut könnte er auch die Eismonde des Saturn betreten.

Es bietet sich an, daß WGWs zunächst die Weltraumstationen der Großmächte besetzen, um den Frieden zu sichern. Sie könnten dort auch in aller Ruhe und im Zustand der Schwerelosigkeit für die Menschheit arbeiten, indem sie Kugellagerkugeln für Präzisionsinstrumente gießen, Legierungen und Emulsionen herstellen, die sich auf Erden immer wieder entmischen würden, zu Forschungszwecken Ameiseneier teilen, das Wetter überwachen und der VEBA ab und zu Tips über Manganknollen, Molybdänlager oder Ölteppiche auf den Ozeanen zukommen lassen. Was der nacheiszeitliche Mensch der Wolpertinger-Losung (siehe Seite 18) analog entnehmen mußte, Informationen über das Environment, würde der WGW nun digital übermitteln.

Der Weltraumgängige Wolpertinger könnte aber auch, in einer späteren Phase, zum Botschafter zwischen der Erde, an die der Mensch nun einmal gebunden bleibt, und den Zivilisationen jenseits des Andromedanebels werden — er könnte Briefe zustellen und mitnehmen, irgendwo auf einer Galaxie einen Büchershop mit Däniken-Literatur betreiben, damit die Außerirdischen endlich wissen, wo sie hingehören, oder mit Kuckucksuhren, Glasperlen und anderen kleineren Exportartikeln unseres Planeten handeln und dafür seltene Metalle mitbringen. Er würde zum innergalaktischen Postläufer, zum kosmischen Hermes, der nur die Flügelsandalen mit dem Shuttle vertauscht hat.

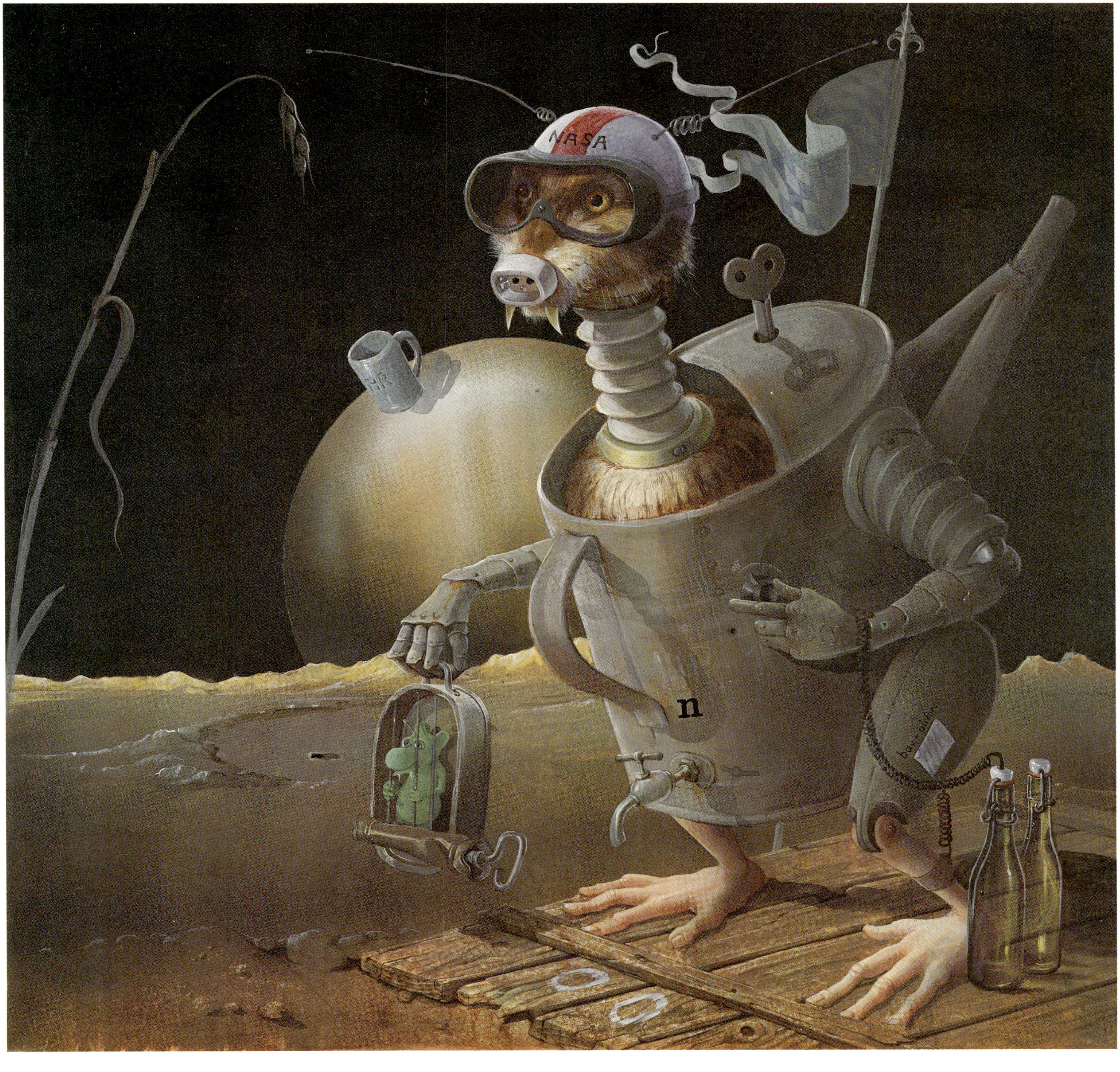
NASA
HR
n

Ausblick auf die Wolympischen Spiele

... und da öffnen sich nämlich auch schon die Gehegeportale und die Wolympischen Zehnkämpfer trippeln herein in das Wolympische Rund, ja in die Arena, was heißt, sie trippeln, verehrte Hörer, einige kommen mit schweren kurzen Flügelschlägen über den Wolympischen Rasen geschnellt, andere springen mit ihren langen, federnden, durchtrainierten Ständern einher, das Gefieder eingeölt für die Ringerdisziplin, deren Zeugen wir gleich sein werden, das Haupthaar gekämmt zwar, aber in Erwartung des Geschehens gegen den Wind gesträubt, ein australischer Gürteltierwolpertinger rollt soeben an der Ehrentribüne vorbei, das ist doch MacCorney, Daniel MacCorney, der Veteran mit der Känguruheinkreuzung aus Queensland, der damals die Buschfeuer rund um das Trainingscamp von Adelaide einfach niedergewalzt hatte, hallo, MacCorney, alter Junge, MacCorney rollt tatsächlich an der Ehrentribüne vorbei, reißt die Steuerflosse aus der Bauchtasche und — jaa, er salutiert und dem Präsidenten des Internationalen Wolympischen Comitees Karl M. Lipp laufen, ja, es sind Tränen, laufen Tränen über das IWC-Gesicht, doch schon hat MacCorney abgedreht und rollt jetzt auf die Wolympische Fontäne zu, Sie erinnern sich, verehrte Hörer, Wolpertinger scheuen offenes Feuer, sie wollten eine Wolympische Fontäne angedreht haben, er bremst am Beckenrand ab, entrollt sich, steht vor dem Bassin und nestelt, nun, ich kann es nicht anders ausdrücken, er nestelt gewissermaßen an seinem Trainingsanzug herum, Zehntausende, nein Hunderttausende im Stadion halten den Atem an, wird MacCorney vor unser aller Augen, vor den Augen der Welt in dieses Bassin, gibt es einen Wolympischen Eklat wie damals mit den geballten schwarzen Fäusten, nein, natürlich nicht, ein erlösender Aufschrei geht durch die Menge, er hat sich nur sein Trikot glattgezogen und grüßt die Wolympische Fontäne, phantastisch, er grüßt und grüßt und grüßt, jetzt zieht auch die monegassische Delegation ein, prachtvolle Fighter aus den Seealpen, dahinter die Mustelidas chilenas in schneeweißem Haar, der Vereinigte Wolpertinger der Republiken Gabun und Senegal in unverkennbarem Krokodilsschritt, ein Straußenwolpi aus Botswana, der kanadische Elchkreißl, zwei Maulwurpertinger aus der Tschechoslowakei haben ihre Startgräber, Startgräben verlassen und graben sich mit kraftvollem, rhythmischem Schaufelwurf, man sieht es an dem sich wölbenden Rasen, in zwei, drei Meter Tiefe in die Mitte des Stadiums vor, doch da ist MacCorney schon zum ersten synchronisierten Zehnkampf dieser Wolympischen Spiele angetreten, während er die Hundertmeterbahn entlangwetzt, schwingt er den Wurfhammer und versetzt sich dadurch selbst in rasende Drehungen, aus der Rechten löst sich der Diskus und steigt der Sonne entgegen, während MacCorney an der Ziellinie aus dem Drall bereits in den Hochsprung übergeht und noch im Flug den zwischen Hauptzehe und Schwanzfedern gespannten Bogen abschießt, das heißt, den Pfeil von der Sehne schwirren läßt, ehe er in einer sehr, sehr ästhetischen ballistischen Kurve auf dem Trambolin niedergeht und mit dem Lufthüpfen beginnt, einer der schwersten Wolympischen Disziplinen, wie jedermann weiß, das ist ja das Phantastische an den Wolympischen Spielen, daß sie aufgrund der synchronisierten Disziplinen in einem halben Tag gelaufen sind, anders würde man diese Wucht von Sinneseindrücken im Topf auch gar nicht aushalten, denn da ist schon der fünfte Aufschlag MacCorneys auf dem Wolympischen Trambolin aus schätzungsweise 16 Metern Fallhöhe, ein bißchen unsauber zwar auf dem rechten Fersenbranten aufgesetzt, aber schon wieder steigt er auf, 21 Meter zeigt die Markierungsbanderole, die von einem Luftschiff aus den Wolken auf das Stadium herabhängt, jetzt sehr gut egalisiert aufgekommen und schon wieder nach oben, er luftspringt wie ein junger Gott, unser guter alter MacCorney, dieser, ich sagte es schon, Wolympier der ersten Stunde, und hopp, ja, das war die 32-Meter-Marke, da werden

doch einfach Ikarus-Träume wahr, meine Damen und Herren, wenn er nachher nur nicht den Saturnringen zu nahekommt und erfriert, und Aufschlag auf dem Trambolinnetz, sehr präzise, und irgendwie auch ethisch, denn hier wird die Schwerkraft noch bewältigt und nicht irgendwie lächerlich gemacht, jaaa, das waren 48 Meter, er springert sich, äh, er steigert sich und er erinnert, wenn ich das hier einmal einschalten darf, verehrte Hörergemeinde, weil es eine ganze Weile dauern dürfte, bis er wieder landet, er erinnert also an den amerikanischen Gummischuhvertreter, der bei einem Brand in einem New Yorker Hochhaus sämtliche Galoschen aus dem Lager übereinander anzieht, immer schön der Größe nach, und, ja, allmählich müßte MacCorney wieder in unser Blickfeld eintauchen, Zehntausende, Aberzehntausende winken ihm bereits mit Erdnußtütchen und der australischen Flagge zu, die Arena steht Kopf, das ist der Wolympische Gedanke in Fluginkarnation, also übereinderzieht und in die Straßenschlucht hinabspringt, wo die Feuerwehrfahrzeuge wie Spielzeugwägelchen, wir warten noch immer auf MacCorney, den das Trambolin aufgrund der ungeheuren Aufschlagenergie des Wolympiers aus Queensland durch eine Wolkenbank geschleudert haben muß, und dann kommt er also mit seinen Gummigaloschen auf, federt nach oben, landet, fliegt nach oben, landet, um es kurz zu machen, denn soeben durchstößt MacCorney schon wieder das untere Wolkenband und steuert das Netz an, und fliegt und landet, bis ihm New Yorker Straßenpolizisten eine Galosche nach der anderen von den Sohlen schießen, weil

ANABOLIKUM
adidas
wilderermeister

er sonst in der Luft verhungern würde, da war der Aufschlag, das Netz droht zu bersten, wieder geht ein Aufschrei durch das Stadiun, Stadion, doch das Netz schleudert MacCorney soeben der Sonne entgegen, entgegen ... wir schalten jetzt um zur NATO, die durch ihre Aufklärungsflugzeuge vom Typ AWACS ständigen Einblick in die Stratosphäre hat, ja Ramstein, bitte melden, Roger, Roger, ich habe hier, meine Damen und Herren Roger, einen Monitor vor mir, es flimmert schon, Ramsteinroggen, Roger, pardon, bitte, also komisch war die Sache mit den Galoschen schon, wenn ich daran denke, daß ein Wolympier barfüßig, und da haben wir MacCorney, danke Ramstein, nein, danke, danke, danke, im Blick, er hat bereits den Ozonschild erreicht, manöveriert unschlüssig auf und ab, wird er ihn durchstoßen und zerstören, wie es vor ihm Abertausende von Spraydosen taten, nein, natürlich nicht, dazu ist er viel zu sehr Wolympier, er hebt einen Ozonziegel aus dem Gefüge, vorsichtig wie ein Kaminkehrer, der eine Dachluke öffnet, legt ihn beiseite, ja — und jetzt zwängt er sich, was in der Ausschreibung überhaupt nicht vorgesehen war, ins All, es ist nicht zu fassen, der gute, alte MacCorney hat sich ins All gezwungen, gezwängt, ich halt's echt im Kopftopf nicht aus, MacCorney, vergessen ist der Staub Australiens, die bescheuerten Gürteltiere, pardon, ich wollte sagen, der Kantinenfraß von Adelaide, du steigst jetzt auf zu den Sternen, ja, und da haben wir auch schon die Standleitung zur NASA, die MacCorneys Trambolinakt mit den Weltraumteleskopen ihrer Spacelab-Stationen weiter verfolgen wird, Roger Houston, Guten Morgen, wir sehen ihn, ein Wolympischer Punkt in der Verlorenheit des Kosmos, aber vorangetrieben von einem inneren Feuer, er hat die Venus bereits hinter sich, visiert den Saturn an, Vorsicht MacCorney, oh Lord, er hat eine Sonnenprotuberanz übersehen, 800 Millionen Grad Celsius Grad heißes Wasserstoffplasma läßt ihn verdampfen, doch der Wolympische Gedanke ist stärker, MacCorneys herumschwirrende Aurapartikel formieren sich aufs neue Neue zu der uns so liebgewordenen Gestalt, er passiert den Jupiter, richtig, der Saturn wird links liegengelassen und da schießt er auch schon hinaus aus unserem interplanetarischen System und wir werden bereits Zeugen einer neuen Wolympischen Disziplin, MacCorney crawlt soeben die Milchstraße entlang, ein Ruderschlag wie im Bilderbuch, sehr, sehr souverän die Rückenflosse, extrem metrische Atmung, es gilt ja jetzt mit dem Sauerstoff zu Hause, äh, hauszuhalten, das erste Drittel der Milchstraße ist passiert, wenn sie nicht sauer wird und gerinnt, steht ein neuer Wolympischer Rekord ins All, die Zielgerade, das Stadion wird zum Hexenkessel, man umarmt sich vor den Monitoren, schenkt sich gegenseitig Erdnüßtutchen, tütchen, alles ist eins und da, es ist wirklich nicht zu fassen, MacCorney durchbricht die erste Galaxie, mit Sternensplitt gesprengelt, gesprenkelt wie ein antiker Feldherr, MacCorney, unsere Herzen fliegen mit Dir, die zweite Galaxie durchstoßen, die dritte, er setzt im Vorbeifliegen den Großen Bären im Schulterwurf auf die kosmische Matte, das sind noch einmal mindestens fünf Punkte in der Ringerdisziplin, er hat die Silberne praktisch schon in der Bauchtasche, und jetzt, wir wußten es, er dreht ab und steuert auf den Großen Pferdekopfnebel zu, sitzt auf, danke NASA, und galoppiert an, setzt über den Wassergraben mit den badenden Zwillingen, ungemein elegant, visiert den Großen Oxer an, aber nein, der Pferdekopfnebel verweigert, droht den Australier abzuwerfen, doch MacCorney meistert auch diese Situation, sehr, sehr cool läßt er noch einmal antraben, schlägt eine Volte, setzt tief an, streckt sich und nimmt den Oxer, jetzt fehlen ihm nur noch ein paar Punkte zur Goldenen, er durchfliegt die vierte Galaxie, die fünfte, die sechste, die Casiopeia grüßt den Vorbeieilenden, so lächelt man, meine Damen und Herren, nur Wolympischen Siegern entgegen, warum auch nicht, MacCorney hat das Universum duchdrungen, er hat den Wolympischen Gedanken hinausgetragen, wir geben jetzt wieder zurück an Bayern Drei, es ist Zeit für den Werbefunk, Sie sind also Susanne D. aus Tittmoning, wie wollen Sie mir beweisen, daß Sie keine Paradentose haben?

Indem ich in diesen Apfä beiß.

Und das würden Sie für mich tun, ich könnte ja auch der Weiße Riese sein, und nicht von Kukident.

Ich tu's trotzdem.

Warum?

Weil's scho mal so schön ogfanga hod.

Mit einem Apfel?

Mit an Apfä.

Krrrrrrrrrchchchchchchchchchchchch

(Anmerkung des Lektorates: MacCorney verfehlt beim Landeanflug das Siegerpodest um nicht einmal einen halben Meter. Die Goldmedaille wird ihm vom IWC zu den Antipoden nachgeschickt.)

Vorschläge zur Wolympischen Hierarchie

WC = Wolympisches Comitee
NWC = Nationales Wolympisches Comitee
IWC = Internationales Wolympisches Comitee

Mein schönstes Erlebnis mit dem Wolpertinger

Ich komme jedes Jahr einmal im Leben nach Ruhpolding, weil ich ein etwas mesteter, oder sagen wir auch, ruheloser Typ bin und wenigstens Touropa die Treue halten möchte. Vom Wolpertinger hatte ich zu diesem Zeitpunkt schon gehört.

Nach einem Heimatabend war ich sehr traurig, weil er gesagt hatte, er will seinen Gamsbart, den er Wachler (oder Wackler?) nannte, nur im Auto einsperren, weil er ihn behindert, aber der Sepp kam nicht wieder, obwohl er mich bereits in der Tanzpause geküßt hatte. Ich saß sehr niedergeschlagen auf der Bank im Park, als sich plötzlich etwas Wolkenartiges auf meinem Schoß niederließ. Es durchrieselte mich heiß und kalt. Soweit ich in meiner Traurigkeit Konturen erkennen konnte, war ein Rehgehörn mit blauen Federn im Mondlicht dabei, sowie ein gebogener Zahn, der mich einladend bis auffordernd anlächelte.

Es muß ein Wolpertinger gewesen sein, anders wäre ich nicht so glücklich gewesen in dieser Nacht.

Irene S.
Filialleiterin, Essen

Mein schönstes Erlebnis mit dem Wolpertinger

Als begeisteter Drachenflieger habe ich schon mehrere harte Landungen absolviert, kann mich aber immer an die jeweiligen Umstände erinnern, und dieses war mein schönstes Erlebnis:

Ich hing mit meinem Fluggerät kopfunter an einer Lärche über dem Bächental im Karwendel und blickte in die Tobel, wo das Wildwasser toste. Unfähig, mich in meinem Gurt zu bewegen, harrte ich der Dinge.

Da füllte sich das Bächental mit mausgrauen Tieren von Dachsgröße. Sie trieben aus den umliegenden. Zehntausende von Weberknechten (Opiliones) zusammen und schnippten diese Spinnen mit ihren Pfoten über dem Bach hin und her, wie Weberschiffchen, denn jede Spinne zog ja im Hin- und Zurückfliegen einen Faden hinter sich her. Auf diese Weise fertigten sie über dem Tobel ein perfektes Sprungnetz an, in das ich mich getrost hineinfallen lassen konnte, nachdem einer dieser "Dachse" den Baum erklommen und mein Brustgeschirr durchgebissen hatte.

Es war diesmal eine weiche Landung.

Heino K., Itzehoe
zur Zeit Fall bei Lenggries

LUDOVICUS II.
MORT. 13. JUNI 1886
HR

Statt eines Schlußwortes: Jenseits-Interview mit Ludwig II., Von Gottes Gnaden König von Bayern, Pfalzgraf bei Rhein, Träger des Großsternes... etc.

Der Wolpertinger und die Absolutistische Idee

FRAGE: Majestät, Sie wurden damals zwar entweder erschossen, ertränkt oder vergiftet, möglicherweise auch außer Landes gebracht, wo Sie mittlerweile gleichfalls verstorben sein dürften — aber Sie erinnern sich vielleicht noch an den Wolpertinger zu Ihren Lebzeiten?
LUDWIG II: Er war, in der Schicksalsstunde auf Neuschwanstein, der Treuste unter den Treuen. Er durchbiß, als man UNS bereits in die Kutsche geschleppt hatte, die Achillesfersen von zwei Haflingern und verhedderte die Zügel, um UNSERE Entführung zu verhindern. Außerdem warf er mit Roßbollen nach den Fuhrleuten. Vor Weilheim riß er dem Sattelpferd sogar noch einen Hufnagel aus. Nur abends dann, im Starnberger See...
FRAGE: Also doch...
LUDWIG II: WIR sagen ja nicht, daß er versagt hätte. Er konnte nur nicht schwimmen...
FRAGE: Die Welt hat zu lange auf den Seepertinger warten müssen. Aber zurück — darf man also sagen, daß die Beziehungen zwischen Königlicher Hoheit und dem Wolpertinger schon zu Lebzeiten Seiner Majestät von wechselseitigem Respekt getragen waren? Oder sehen Sie diese Relationen in der Rückschau vielleicht in einem verklärenden Licht?
LUDWIG II: Es war und bleibt tiefster Respekt. Mit einer Einschränkung, von UNSERER Seite — WIR mußten in ihm naturgemäß eine Konkurrenz sehen, auf längere Sicht wäre Bayern für uns beide zu klein gewesen. Denn der Wolpertinger ist der Absolutistische Gedanke in sich, darin ist sich auch der Historiker Professor Hubensteiner einig. Den Wolpertinger wiederum muß es irritiert haben, daß UNS die Hofschneider Hermelinschwänzchen für den Krönungsornat aufgeschwätzt haben. Er könnte sich, so heißt das heute wohl, verarscht gefühlt haben.
FRAGE: Ist der Gedanke vermessen, daß der Wolpertinger in Bayern wieder die Monarchie einfädeln könnte?
LUDWIG II: Er könnte es, aber er bräuchte es gar nicht. Die Monarchie in Bayern war nie tot, sie zeigt nur andere Gesichter. Unsere Gaugrafen etwa . . .
FRAGE: Pardon, man sagt heute Landrat...
LUDWIG II: Unsere Gaugrafen, Barone, unsere Herren Marschälle, sie tragen das Parteibüchlein doch nur zur Tarnung im Tournister. Das ist kein Opportunismus, sondern royalistische Taktik. Denken Sie doch nur an die Huldigen auf dem letzten C** (*Kosmische Störung durch vorbeifliegenden Meteoriten oder Astronautenhandschuh, Anmerkung des Lektorates*) **eitag. So etwas hätten WIR UNS für den Tag UNSERER Körung, UNSERER Krönung gewünscht.

FRAGE: Noch einmal zum Wolpertinger als Verkörperung der Absolutistischen Idee. Was könnte man tun, um ihm und ihr zum Durchbruch zu verhelfen?
LUDWIG II: Zunächst einmal mit der Legende aufräumen, daß Bayern — verzeihen Sie, WIR durchschweben mitunter die Radiowellenringe des Bayerischen Rundfunks — Null Bock auf das Königtum hätten. Ein Land, in dem alle Augenblicke Sommernachtsköniginnen gewählt und Schützenkönige ausgelost werden, ist gegen den Parlamentarismus einfach gefeit.
FRAGE: Und der erste Schritt?
LUDWIG II: Herrenchiemsee zum Wolpertinger-Biotop ausrufen und den Rest Bayerns als ausmärkische Gebiete unter Quarantäne stellen. Bis ein Landkreis nach dem anderen umfällt und um Anschluß an Herrenchiemsee bittet. Es muß ein royalistischer Steppenbrand durch das Land gehen, huii, huiijujüüh*** (*Pfeifton, kosmische Störung? Anmerkung des Lektorates*).
FRAGE: Majestät denken an eine Art Wolpertinger-Reichsverweserschaft, bis...
LUDWIG II: Wir reden bedauerlicherweise absolut aneinander vorbei. Wozu eine Verweserschaft? Der Wol***binichbinichbinich***(*Unterbrechung des Jenseits-Interviews durch einen auf Neufundland herabstürzenden Sojus-Schraubenschlüssel, Anmerkung des Lektorates*).
FRAGE: Majestät? Hoheit? Hören Sie uns? Pfalzgraf bei Rhein etc? Hallo? Die Bayerische Nation dankt Ihnen auf jeden Fall für diese Einlassungen.

Bildnachweis:
Die dramatischen Aufnahmen vom Kongreßgeschehen in Baiernrain, sowie Exponate der Akademie hat der BWA-Lehrbeauftragte Gottfried Drexler zur Verfügung gestellt.
Die Fotos zur Rekonstruktion von Wolpertinger-Aurafotografien stammen von:
Rudolf Brauner, München, Seite 26
Siegfried F. Beier, Bad Tölz, Seite 27
Keystone, Seite 28
Pressebildagentur Hartmann, München, Seite 28
Lorenz Baader, München, Seite 29
dpa, Bildbüro München, Seite 29
Hans Schmied, München Seite 30
Die Graphik „Familienstammbaum für Rot-Grün-Blindheit" entnehmen wir mit freundlicher Genehmigung des Verlages Moritz Diesterweg dem Buch „Einführung in die Biologie des Menschen" (Bruggaier/Kallus)
Die Graphik „Chimären-Bildung bei der Maus" entnahmen wir mit freundlicher Genehmigung der Evangelischen Akademie Tutzing der Schrift: „Genforschung im Widerstreit"
Die Zeichnungen des Institutes für Wolpertinger-Schadensforschung stammen von Michael Heininger